Von Berlin nach New York

Karl M. von der Heyden

Von Berlin
nach New York

Ein Leben in zwei Welten

Aus dem Amerikanischen übersetzt von
Barbara von Bechtolsheim

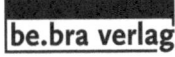

Die amerikanische Originalausgabe erschien 2017 unter dem Titel
»Surviving Berlin – An Oral history«.

Bibliografische Information der Deutschen Nationalbibliothek
Die Deutsche Nationalbibliothek verzeichnet diese Publikation
in der Deutschen Nationalbibliografie; detaillierte bibliografische
Daten sind im Internet über http://dnb.d-nb.de abrufbar.

© be.bra verlag GmbH
Berlin-Brandenburg, 2019
KulturBrauerei Haus 2
Schönhauser Allee 37, 10435 Berlin
post@bebraverlag.de
Umschlag: Manja Hellpap, Berlin
Satzdaten: typegerecht, Berlin
Schrift: Dante MT 11/13,7 pt
Druck und Bindung: GGP Media GmbH, Pößneck
ISBN 978-3-89809-156-5

www.bebraverlag.de

Inhalt

Vorwort

Jeder Beruf hat seinen Muhammad Ali oder Duke Ellington, legendäre Gestalten, deren Karriere sich jedem Vergleich entzieht. Jedes erfolgreiche Unternehmen hat seine heimliche Waffe – jene vertrauenswürdige Persönlichkeit, die Ziele erreicht, ohne dabei im Rampenlicht zu stehen.

Karl von der Heyden ist beides.

Zwischen 1980 und 2001 war er Finanzvorstand von drei der größten amerikanischen Konsumgüterfirmen: HJ Heinz, RJR Nabisco und PepsiCo. In diesen Positionen war Karl keineswegs nur für die Zahlen zuständig. Er war als strategischer Planer unübertrefflich und wesentlich verantwortlich für die jeweiligen Fusionen und Übernahmen der Unternehmen. Er brachte komplexe Umstrukturierungen der Unternehmen auf den Weg. Und er war der aufrechte Schütze, der anderen Vorständen oft Dinge sagte, die sie lieber nicht gehört hätten. Unter seinem Einfluss änderten sich Verhaltensweisen und Einstellungen. Kein Wunder, dass er auch ein geschätzter Berater für andere Unternehmenslenker wurde, die sich regelmäßig seiner Führung anvertrauten. Viele baten ihn in ihre Aufsichtsräte, und er war unabhängiges Aufsichtsratsmitglied bei einem Dutzend großer öffentlicher Unternehmen, einschließlich der New Yorker Börse (später NYSE Euronext), DreamWorks Animation und beim Kaufhauskonzern Macy's.

Kaum ein anderer amerikanischer Manager hat ähnliche Leistungen vorzuweisen wie Karl. Und keiner von ihnen besitzt seine bescheidene Art.

Zwischen Berlin und New York ist Karls Lebensgeschichte. Das Buch erzählt von seiner Geburt 1936 in Berlin, dann von seinen erschütternden Erinnerungen an eine Kindheit in Nazi-Deutschland. Nach dem Krieg blieb Karls Familie in West-Berlin, auch in den Jahren vor und nach der Berlin-Blockade, als Hunger ein ständiger Begleiter war. 1957 kam er in die Vereinigten Staaten, um an der Duke University zu studieren und danach seine Karriere als Geschäftsmann zu beginnen.

Im Laufe der Jahre wurde er dann amerikanischer Staatsbürger. Doch am besten erklären die frühen Jahre in Deutschland seinen späteren Erfolg und seine bewundernswerte Haltung. In Duke durchstöberte er alte Zeitungen, um, wie er sagt, »herauszufinden, wie in einer kultivierten Gesellschaft Massenmorde größten Ausmaßes begangen werden konnten«. Und noch heute gehört Karl nach seinen eigenen Worten zu »einer Generation von Deutschen, die an Schuldgefühlen für das leidet, was die Nazis den vielen Millionen Juden und anderen Minderheiten angetan haben«.

Jene frühen Jahre erklären auch Karls lebenslanges philanthropisches Engagement: Er und seine Frau Mary Ellen haben mehrere Stipendien sowie einen Anbau an die Bibliothek der Duke University finanziert; zudem haben sie dort den Bau eines neuen Kunstzentrums unterstützt.

Ich habe Karl vor einigen Jahren kennengelernt, als er Aufsichtsratsvorsitzender der American Academy in Berlin war, während ich als deren Präsident fungierte. Mit seinem finanziellen Geschick konnte er das Stiftungsvermögen mehr als verdreifachen, und außerdem haben er und Mary Ellen ein Literaturstipendium gestiftet.

Trotz seiner offensichtlichen Begabung als Geschäftsmann wollte Karl, wie er mir berichtet hat, früher eigentlich Journalist werden, aber irgendwie ist er von diesem Weg abgekommen. Wie gut, dass er mit *Zwischen Berlin und New York* nun endlich seiner eigentlichen Berufung nachkommt.

Karl schreibt, dass seine persönlichen Erfahrungen ihn gelehrt haben »skeptisch zu sein gegenüber Extremisten, gleich ob sie politische Ideologen oder religiöse Fanatiker sind«, und dass ihm schaudert bei »zu viel offenem Patriotismus, Fahnenschwingen oder Gerede von ›Exzeptionalismus‹ dieses oder jenes Landes«.

Ich kann nur hoffen, dass er weiter schreiben und uns darüber aufklären wird, was er noch über sich selbst und die Welt, in der wir leben, herausfindet.

Norman Pearlstine
Chefredakteur der Los Angeles Times

Einleitung

Man hat mich immer wieder gedrängt, meine Lebensgeschichte aufzuschreiben. Schließlich war ich Zeuge einiger historischer Augenblicke des 20. Jahrhunderts, die die Welt veränderten. Aber um ehrlich zu sein, war ich nie besonders daran interessiert, von all dem zu reden, auch nicht von meiner Kindheit in Deutschland im Zweiten Weltkrieg.

Marc Rosenwasser, ein renommierter Journalist und Fernsehproduzent, überzeugte mich schließlich, meinen Lebensbericht zu verfassen. Im Laufe von eineinhalb Jahren haben wir uns immer wieder in meinem Büro getroffen und viel miteinander gesprochen. Geduldig und hartnäckig hat er mich dazu gebracht, meine Erinnerungen auszugraben und ans Licht zu bringen. Während ich Wodka und Schokolade beisteuerte, stellte er die Fragen. Diese erzählte und auf Tonträger aufgenommene Geschichte ist die Grundlage meines Buches.

Erinnerungen können unzuverlässig sein. Manche Erinnerungen stammen aus zweiter Hand: was ich beispielsweise als Kind von meiner Mutter und von anderen Erwachsenen hörte, von meinem verstorbenen Bruder (der sieben Jahre älter war als ich) oder aus Zeitungen und dem Radio erfuhr. In meinem Bestreben, die Dinge richtig darzustellen, bin ich meiner Frau Mary Ellen und meiner älteren Schwester Gisela sehr verbunden: Beide steuern hier jeweils ihre eigenen Berichte bei, füllen dabei manche Lücken und bringen gelegentlich andere Aspekte ein. Ihre Erinnerungen sind jeweils durch Kursivdruck hervorgehoben. Wie an späterer Stelle zu lesen sein wird, hat sich meine Frau auf ihre eigene Art und Weise für humanitäre Ziele im Kalten Krieg engagiert.

Die Ereignisse in diesem Buch umfassen etwas mehr als ein Vierteljahrhundert, vom Sommer 1936 bis zum Sommer 1963:

das erste Drittel meines Lebens. In dieser Zeit verfügte Hitler, dessen Amtssitz etwa fünfzehn Kilometer von meinem Elternhaus entfernt lag, die Massenvernichtung von sechs Millionen Juden. Als die Alliierten schließlich den Nationalsozialismus niedergeschlagen hatten, wurde der Zweite Weltkrieg vom Kalten Krieg abgelöst und der Kommunismus gewann an Macht. Meine Heimatstadt Berlin war – fünfundvierzig Jahre lang – der zentrale Krisenherd zwischen Ost und West. Zur selben Zeit ereigneten sich in den Vereinigten Staaten gravierende Umbrüche in den Rassenbeziehungen, und aus der Rassentrennung folgten schließlich die ersten Ansätze von Integration. Eigentlich war es nur Zufall, dass ich all dies als Zeuge aus nächster Nähe mitbekam – zuerst in Berlin und dann im Süden der Vereinigten Staaten.

Ich kam im Sommer 1936 in Berlin zur Welt. Getauft wurde ich auf den Namen Ingolf, den ich später in den USA ablegte. Als »Karl« war es wesentlich einfacher, schnell Bekanntschaften zu schließen. Zwischen dem Alter von drei und neun Jahren war mein Leben geprägt vom Krieg, der sich über mir und um mich herum abspielte. Auch wenn ich noch ein Kind war, nahm ich meine Umwelt sehr genau wahr. Wie viele Kinder, die Gewaltkonflikte miterleben, wurde ich früh erwachsen. Zwar taten meine Eltern ihr Bestes, um mich von allem Übel fernzuhalten, aber der Krieg forderte doch seinen Preis: zuerst indem er unser Alltagsleben durcheinanderwirbelte; später durch massive Zerstörung und Entbehrung. Ich erlebte beides hautnah mit. In den Jahren nach dem Krieg litten meine Familie und ich wie Millionen Deutsche ständig an Hunger.

Viele Jahre später, nachdem wieder Frieden in Deutschland eingekehrt war, bestimmten die Folgen dieses fürchterlichen Krieges noch immer mein Leben. Ich verbrachte Ende der 1950er-, Anfang der 1960er-Jahre an der Duke University im US-Bundesstaat North Carolina viel Zeit damit, mich in alte deutsche Zeitungen zu vertiefen und mir zusammenzureimen, was die Nazis getan hatten. Vor allem wollte ich verstehen, was meine Eltern wussten, und ich wollte herausfinden, wie in einer kultivierten Gesellschaft Massenmorde größten Ausmaßes begangen werden konnten. Noch heute, siebzig Jahre später, leide ich wie viele Deutsche meiner Generation an Schuldgefühlen wegen der Verbrechen, die vielen Millionen Juden und anderen Minderheiten angetan wurden. Ich schäme mich, dass meine Herkunft mit dem größten Holocaust der Geschichte verbunden ist.

Nichts in diesen Erinnerungen soll die Schwierigkeiten meiner Familie mit den schrecklichen Leiden vergleichen, die so viele Menschen während und nach dem Krieg durchgemacht haben. Man kann überhaupt keinerlei Vergleich ziehen.

Diese Erinnerungen sollen lediglich ein paar Wissenslücken über das Leben in Deutschland während des Krieges und in den Nachkriegsjahren füllen – und erklären, wie ein Deutscher dazu kam, die Vereinigten Staaten für sich zu entdecken, sie zu besuchen und schließlich lieben zu lernen. Ein Land, dessen Staatsbürger ich inzwischen bin.

Die Vereinigten Staaten haben es sehr gut mit mir gemeint. Dank zahlreicher glücklicher Zufälle, einer guten Bildung und Ausbildung in Deutschland und später an der Duke University und an der Wharton Graduate School der University of Pennsylvania, sowie solider unternehmerischer Fertigkeiten war mir in den Vereinigten Staaten eine erfolgreiche Geschäftskarriere vergönnt.

Von den Bunkern in Deutschland zu den Aufsichtsräten internationaler Unternehmen – das war gewiss ein ungewöhnlicher Weg. Letztlich ist es eine Geschichte glücklicher Fügungen.

Teil I – Deutschland

Die Welt, in die ich hineingeboren wurde

1936 war ein bedeutendes Jahr für meine Heimatstadt. Berlin hatte den Zuschlag für die Olympischen Spiele erhalten, und Hitler tat alles dazu, die Spiele zu einem Propagandaerfolg für das Nazi-Regime zu machen. Er wollte der Welt ein friedliches Deutschland zeigen und setzte dafür sogar zeitweise die Verfolgung der Juden und anderer Minderheiten aus. So gelang es ihm, eine unkritische Welt zum Narren zu halten.

Dies ist die Welt, in die ich hineingeboren wurde, am 18. Juli 1936 in einer Frauenklinik im Bezirk Wilmersdorf. Ich sorgte gleich für Probleme. Meine Eltern hatten Tickets für die Olympischen Spiele, aber meinetwegen verpasste meine Mutter die Eröffnungsfeier.

Das Haus, in dem ich aufwuchs, liegt am Rande von Berlin, aber noch innerhalb der Stadtgrenzen. Unsere Wohngegend war die Weinmeisterhöhe im Bezirk Spandau, etwa fünfzehn Kilometer vom Stadtzentrum. Wir wohnten westlich der Havel, in einer relativ dünn besiedelten und hügeligen Gegend. Mein Vater baute auf einem halben Hektar Land ein Haus mit großartigem Blick über den Fluss, der sich direkt unter uns zu einem See von einem Kilometer Durchmesser verbreiterte.

Mein Leben, zumindest in den ersten Jahren, verlief recht privilegiert. Das Haus hatte viele Zimmer und sogar einen gesonderten Flügel für meine Großmutter väterlicherseits. Wir hatten ein Kindermädchen und eine Köchin, die bei uns wohnten. Wir hatten auch eine Schneiderin, eine ältere Frau, die jedes Jahr mehrere Wochen bei uns wohnte. Sie erledigte alle Näharbeiten und fertigte neue Kleidungsstücke für die Familie an. Das war damals eher ungewöhnlich, aber mein Vater hatte in seiner Position ein gutes Einkommen, sodass wir uns diesen Luxus leisten konnten.

Mein Vater war Ingenieur für Flugzeugdesign und bei Junkers angestellt. Er hatte dort in den 1920er-Jahren angefangen und wurde später, als Junkers mit Lufthansa fusionierte, einer der führenden Ingenieure.

Die Lebensgeschichte meines Vaters ist so verworren wie die Zeiten, in denen er lebte. Er wurde 1894 als Werner Müller in Duisburg geboren, wuchs aber in Kauffung im heute polnischen Schlesien auf. Sein Vater wiederum war als Industrieller in der Stahl- bzw. Kohle-Produktion tätig. In den 20er-Jahren beging er Selbstmord. Über die möglichen Gründe kursierten zwei Versionen: eine, dass er dies aus Verzweiflung tat, als sein Unternehmen in einer finanziellen Krise scheiterte; die andere, dass eine Affäre mit seiner Haushälterin bekannt wurde. Welche Version stimmt, weiß ich nicht.

Mein Vater wurde vor dem Ersten Weltkrieg Kadett an der deutschen Marineschule. Im Rahmen seiner Ausbildung segelte er nach Mittelamerika, Kuba und Florida. Als 1914 der Erste Weltkrieg ausbrach, wurde er einem Kreuzer zugeteilt und war an mehreren Seegefechten beteiligt, einschließlich dem größten im Ersten Weltkrieg, der Skagerrak-Schlacht vor Jütland. Er sprach nicht viel über seine Kriegserlebnisse, aber ich erinnere mich, dass er Jütland erwähnte. Nach seinen Worten konnten sie die feindliche britische Flotte kaum sehen, als sie sich gegenseitig beschossen. »Manchmal war nur der Qualm der Schlote über dem Horizont zu erkennen.« Dadurch wurden die Schlacht und das Töten ziemlich »unpersönlich«.

Die deutsche Niederlage führte nach Kriegsende zum Versailler Vertrag, nach dem Deutschland nur sehr begrenzt Truppen unterhalten durfte. Die zugestandenen militärischen Einrichtungen reichten allenfalls zur Selbstverteidigung.

Viele Militärs und die Zivilbevölkerung wurden vom Kriegsausgang völlig überrascht, glaubten vielmehr bis kurz vor Schluss an einen Sieg. Die maßlose Enttäuschung machten sich dann die Nationalsozialisten zunutze: Es habe eine Verschwörung gegen Deutschland durch Kommunisten und Juden gegeben. Diese Legende konnte sich auch deshalb hartnäckig halten, weil auf

Kaiser Wilhelm II. bei der Inspektion des Schiffs meines Vaters, der SMS *Hertha*, um 1913.

deutschem Boden vergleichsweise wenige Kriegshandlungen stattgefunden hatten. Der Erste Weltkrieg fand zum größten Teil jenseits deutscher Grenzen statt.

Das deutsche Volk hatte in einer Monarchie mit autoritärer Führung gelebt. Das erklärt die Dauerberieselung mit positiver Propaganda. Und dann lasen die Leute plötzlich in den Zeitungen, dass der Krieg vorbei war und ihr Land verloren hatte. Das führte zu einer kollektiven Bewusstseinsstörung.

Als mein Vater nach dem Krieg mit Tausenden anderen Offizieren heimkehrte, wusste er so wenig wie sie, was er tun sollte. Zum ersten Mal in seinem Leben engagierte er sich politisch. Es gab viele sogenannte »Freikorps«, das waren ehemalige Truppen, die sich auf eigene Faust zusammenschlossen. In Schlesien, wo mein Vater aufgewachsen war, waren die Polen an die Macht gekommen. Jetzt begannen die ehemaligen deutschen Truppen dort einen Partisanenkrieg und vertrieben die Polen aus der Region. Mein Vater nahm an diesen Expeditionen teil, ehe er dann an einer Universität Metallurgie studierte und einen Ingenieursabschluss erlangte.

Zu den Bedingungen des Versailler Vertrages gehörte – neben einem Verbot der Luftstreitkräfte – die generelle Einschränkung, Flugzeuge zu produzieren und damit in andere Länder zu fliegen. Um dies zu umgehen, flog Junkers seine Flugzeuge in das neutrale Schweden, wo die Maschinen schwedische Hoheitszeichen erhielten. Dann wurden sie zurück nach Deutschland geflogen und für den zivilen Luftverkehr innerhalb Deutschlands und in andere Länder eingesetzt.

In derselben Zeit, Mitte der 1920er-Jahre, lernte mein Vater meine Mutter kennen, die auch bei Junkers arbeitete. Sie war mehr oder weniger Sekretärin dort, denn Frauen wurden in jener Zeit noch nicht zu höheren Bildungsabschlüssen ermutigt.

Manchmal begleitete meine Mutter meinen Vater auf seinen Reisen nach Schweden. Sie erzählte mir einmal von einer Notlandung. Motorversagen war damals gar nicht so selten, und es war auch keine große Sache. Die Maschinen landeten einfach auf dem nächstgelegenen Feld. Für meine Eltern waren solche Reisen wie ein Ausflug – flieg nach Schweden, gönn dir ein gutes Essen, lass das Flugzeug anders anstreichen und flieg wieder zurück.

Meine Eltern waren beide leidenschaftliche Skiläufer, und sie verlobten sich an Silvester 1926, nachdem beide jeweils den zweiten Platz in einem Skirennen belegt hatten. Zu dem Zeitpunkt lebten sie in Dessau, wo sie 1928 heirateten.

Meine Mutter war in einer großen Familie in Hagen in Westfalen aufgewachsen. Ihr Vater war der Eigentümer der Heyda Werke, die Papierprodukte wie Notizbücher, Büromaterialien, Schulhefte und ähnliches produzierten. Sie hatte einen Bruder und drei Schwestern. Schon früh half sie in dem Familienunternehmen mit und war Zeit ihres Lebens eine sehr geschickte Geschäftsfrau. Trotzdem ging sie nach der zehnten Klasse von der Schule ab, um auf einer Frauenfachschule Kenntnisse in Hauswirtschaft und Büroführung zu erwerben.

Meine Eltern am Tag ihrer
Verlobung, Silvester 1926.

Meine Eltern müssen bald nach ihrer Hochzeit nach Berlin
gezogen sein. Der Umzug stand wohl im Zusammenhang mit
der Fusion von Junkers und der Deutschen Aero-Lloyd AG, wo-
raus die Fluglinie »Luft Hansa« (die spätere Lufthansa) entstand.
Es gab von Anfang an große Ambitionen, nach Asien und Amerika zu fliegen, während Junkers weiterhin Flugzeuge entwarf
und baute. Mein Vater hatte die Aufgabe, in anderen Ländern
den Verkauf der Flugzeuge anzukurbeln. Einmal reiste er nach
Brasilien, um die Ju 52 für Flüge in Südamerika auf den Markt
zu bringen. Er flog mit dem Luftschiff *Graf Zeppelin* nach Rio de
Janeiro, eine Reise, die etwa zehn Tage dauerte.

Inzwischen war Hitler – nach politisch und ökonomisch har-
ten Zeiten – an die Macht gekommen. Die Atlantiküberquerung
per Zeppelin war für das neue Nazi-Regime eine große Sache;
jeden Tag gab es dazu Radioberichte in den Abendnachrichten.
Meine Mutter verfolgte sie mit starkem Interesse und bangte um
meinen Vater. Eines Tages kam kein Bericht im Radio. In Panik
rief meine Mutter beim Sender an und erfuhr, dass der Zeppe-

Das Luftschiff *Graf Zeppelin* bei der Ankunft in Rio de Janeiro, November 1935.

lin wegen heftiger Gegenwinde nicht vorangekommen war. Die Regierung hatte untersagt, dass dies im Radio berichtet wurde.

Die Ankunft des *Graf Zeppelin* war eine Sensation in Rio de Janeiro. Dann aber kam erst das Hauptereignis. Die Junkers Ju 52 sollte im Wettkampf gegen die amerikanische DC-3 von Rio nach Santiago de Chile fliegen. Die Ju 52 hob zuerst ab und schaffte es gerade noch eben über die Anden, als sich in einem aufkommenden Gewitter Wolken auftürmten. Die DC-3 flog dreißig Minuten später ab; sie konnte höher als die Ju 52 fliegen, aber zu dem Zeitpunkt hatte sich die Wolkendecke bereits so verdichtet, dass die Maschine umkehren musste. Die Luftfahrtgesellschaft in Brasilien entschied sich schließlich für das deutsche Modell, und mein Vater reiste triumphierend auf dem Passagierschiff *Cap Arcona* zurück. Er hatte als Ingenieur ganz wesentlich an der Ju 52 mitgearbeitet und war dafür verantwortlich, dass sie aus Sicherheitsgründen drei Motoren hatte, statt wie

Olympische Spiele 1936 in Berlin, Medaillen-Anzeigetafel. Von meinem Vater fotografiert.

damals üblich einen oder zwei. Mein Vater flog die Flugzeuge nie selbst, dazu hatte er zu wenig handwerkliches Geschick. Seine Stärke war die theoretische Konstruktion. Offenbar war er auf seinem Gebiet sehr erfolgreich.

Mein Bruder Jürgen wurde 1929 geboren, meine Schwester Gisela 1932. Wie schon erwähnt, kam ich ein paar Tage vor dem Beginn der Olympischen Spiele zur Welt, die später vor allem mit Jesse Owens in Verbindung gebracht wurden. (Entgegen den Nazi-Behauptungen arischer Überlegenheit gewann der afro-amerikanische Sprinter bekanntlich vier Goldmedaillen – vor den Augen des »Führers«, der sich dann vielen Berichten zufolge geweigert hatte, dem Schwarzen die Hand zu schütteln. Das allerdings hat Owens später widerlegt.) Meine Eltern nannten mich Ingolf und das »Olympische Baby«.

Krieg

Meine früheste Erinnerung ist der Tag, an dem der Zweite Weltkrieg ausbrach. Es war der 1. September 1939, der Tag der deutschen Invasion in Polen. Ich war gerade drei Jahre und eigentlich zu klein, um mich an irgendetwas zu erinnern, aber wenn etwas derart Einschneidendes passiert und man eine lebhafte Vorstellung davon hat, kann man sich später den Zusammenhang ausrechnen.

Als ich an diesem Morgen zum Frühstück herunterkam, hörte ich, wie meine Mutter in der Küche weinte. Das Kindermädchen und die Putzfrau weinten ebenfalls. Als meine Mutter sagte: »Es ist etwas Schreckliches passiert. Wir haben wieder Krieg«, wusste ich nicht, was das zu bedeuten hatte, aber als ich die Worte »etwas Schreckliches« und »Krieg« hörte, setzte ich mich einfach auf die unterste Stufe der Treppe und fing an zu weinen. Daran kann ich mich lebhaft erinnern. Aber was sonst passierte, weiß ich nicht mehr. Das Leben schien wie vorher weiterzugehen.

Außer dass unser Vater sofort eingezogen wurde. Er war sechsundvierzig Jahre alt. Ich kann mich nicht mehr entsinnen, wie er sich verabschiedete. Aber ich erinnere mich, wie bewusst mir war, dass er nicht mehr da war.

Statt in die Marine wie im Ersten Weltkrieg wurde er als Hauptmann der Luftwaffe eingezogen, weil er sich mit Flugzeugen auskannte. Er war an vielen verschiedenen Orten stationiert, meistens außerhalb von Deutschland. Es war ja so, dass der Krieg anfangs während der Expansionsphase nicht im Land selbst ausgetragen wurde. Mein Vater kam nach Polen, war im Balkanfeldzug dabei und kam bis nach Kreta, immer im Regiment Wolfram von Richthofen, Sohn des legendären Roten Barons. Zu der Zeit wurden die Passagierflugzeuge von Junkers als Transportflugzeuge genutzt, vor allem, um Fallschirmspringer abzusetzen.

Mit meinem Vater,
1940.

Er war auch in Bulgarien, Rumänien, Griechenland und wohl
auch in Ungarn. Seine Aufgabe bestand darin, auf einer Luft-
waffenbasis die Reparaturarbeiten an beschädigten Flugzeugen
einschließlich der Bomber zu überwachen und sicherzustellen,
dass sie voll einsatzfähig waren.

Später im Krieg wurde mein Vater zum Major befördert. Er
kam an Feiertagen und zum Urlaub drei- oder viermal im Jahr
nach Hause. Das waren Festtage für uns. Er war in Uniform und
wurde von einem Fahrer in einem Militär-Jeep gebracht, und der
Fahrer ließ mich am Armaturenbrett spielen. Manchmal blieb
mein Vater für drei oder vier Tage, manchmal eine ganze Woche. Aber er konnte nie darüber reden, was er im Krieg erlebte.
Das galt auch, wenn wir Post von ihm bekamen. Es war »Feld-
post«. Daraus war nicht zu erkennen, wo er sich befand. Es war
alles geheim.

Unser Haushalt blieb nach Kriegsbeginn intakt, zumindest
für eine Weile. Aber allmählich verließen uns die Mitarbeiter:

Meine Schwester Gisela und ich mit Nazi-Helm (ganz rechts) beim Winterhilfswerk.

Unser Kindermädchen ging, als ich in die Schule kam; unsere Köchin ging auch, und so waren wir auf uns gestellt, abgesehen von dem Ehepaar, das ein kleineres Haus auf dem Grundstück meiner Eltern bewohnte. Diese Leute halfen bei uns regelmäßig aus, obwohl ich mir nicht klar darüber bin, warum der Mann nicht im Krieg war.

Mein Bruder Jürgen musste zur Hitlerjugend und meine Schwester Gisela zum Bund Deutscher Mädel (BDM), dem weiblichen Gegenstück. Sie wurden in der Schule automatisch dazu verpflichtet, wobei ein umfassendes Freizeitprogramm Jürgen und Gisela anfangs durchaus Spaß machte.

Meine Geschwister hatten eine viel bessere Vorstellung davon, was eigentlich in den Kriegsjahren vor sich ging, als ihr kleiner Bruder. Als ich kürzlich mit meiner Schwester über diese Jahre sprach, fragte ich sie, was sie als Schulkind über Hitler wusste. Sie sagte, dass Hitler für sie der »Führer« war und dass sie und ihre ganze Klasse ihm immer salutieren mussten:

*Im Lager hatten wir jeden Morgen Flaggenparade, und dann
den rechten Arm hoch ... naja, du weißt schon ... SA marschiert.
Die ganze Schule musste jeden Morgen an der Fahne die zwei
Fahnenlieder singen. Das war eine feste Kommandosache, das
galt für alle gleich.*

*Über Hitler haben wir nie gesprochen. Wir Mädchen unter
14 Jahren waren die Jungmädel. Und eine Tracht tragen oder
eine Kluft, wie man das damals nannte, das war natürlich etwas Besonderes. Man kriegte sein Halstuch und seinen Knoten.
Der Rock war an die weiße Bluse ohne Bund angeknöpft. Also,
da war man irgendwie stolz drauf.*

*Und dann gab es jede Woche einmal nachmittags Sport, für
mich war das sehr angenehm. Aber sonst... Die Hitlerjugend
organisierte sogenannte Heimabende. Mutter wollte nicht, dass
ich an solchen Veranstaltungen teilnehme. Also hat sie die Kla-
vierstunden immer so gelegt, dass ich für die Heimabende keine
Zeit hatte. Wir hatten neben dem Sporttag einmal Heimabend
in der Woche. Da war ich dann nie dabei. Als ich die Siegernadel gewonnen hatte im Olympiastadion, bin ich ganz glücklich
nach Hause gekommen. Und dann kam der nächste Heimabend
und ich kriegte meine Siegernadel nicht. Wer nicht am Heimabend teilnimmt, kriegt auch keine Siegernadel, hieß es. Der
Druck war da. Ich habe dann mit meiner Mutter geschimpft:
»Warum lässt du das zu?« Ich wollte auch gerne mein Abzeichen
haben.*

*Die NSDAP hat sich immer sehr in die Familien eingemischt.
Dort wurde man auf dich aufmerksam und meinte, zum Mut-
tertag müsstest du ein Gedicht aufsagen. Wir hatten auf der
Weinmeisterhöhe ein kleines Café oder Restaurant, das diente
als Versammlungsraum. Und eines Tages wurdest du auf einen
hohen Stuhl gestellt und sagtest dein Gedicht auf.*

Wenn früh die liebe Sonn' erwacht,
dann singt mein Herz und pfeift und lacht,
so schön die Welt so schön daheim
bei unserem lieben Mütterlein.
Mein Herz ist froh, das ist mal so.

Meine Schwester Gisela neben
meinem Kinderbett.

*Das hast du so vorgetragen, dass bei den Müttern kein Auge
trocken blieb, und es gab viel Lachen und Applaus.*

Gisela zufolge hatte unsere Mutter eigentlich nicht an dieser
Veranstaltung teilnehmen wollen und ging den Nazis in ihrer
ruhigen, meist sehr vorsichtigen Art auch auf andere Weise aus
dem Weg. Beispielsweise gab es da, nachdem unser Vater schon
im Krieg war, eine unangenehme Begegnung mit einer Nazifüh-
rerin in unserer Nachbarschaft.

Gisela erzählt weiter:

*Sie war die Mutter einer Freundin von mir. Und diese Frau We-
ber, die war schon verzückt, wenn sie nur den Namen Hitler
hörte. Also die war völlig abgedreht. Sie warf Mutter vor: »Sie
sind die einzige auf der ganzen Weinmeisterhöhe, die keine
Socken für die Soldaten stopft!« Da hat Mutter gekontert: »Ich
habe drei Kinder, die ich heute alleine erziehen muss. Ich hab
das große Haus und einen Garten. Ich hab genug zu tun. Das*

würde Hitler bestimmt nicht erwarten, dass ich jetzt auch noch
für die Soldaten Strümpfe stopfe.« Und ist wieder gegangen. Da-
nach sind die beiden Frauen immer auf Distanz geblieben.

In diesen Jahren hatte die Regierung das sogenannte Winterhilfswerk eingerichtet. Das war eine gesteuerte Propagandaakti-
on, was aber nicht für jeden offensichtlich war. Die freiwilligen
Helfer gingen mit Holzkarren die Straßen rauf und runter und
hielten an jedem Haus. Man sollte Sachen spenden, die man nicht
mehr brauchte, Kleidung oder Geld. Dabei stand man immer unter Beobachtung, ob man auch ja das Anliegen unterstütze.

An Hitlers Geburtstag, am 20. April, musste man die Naziflagge aus dem Fenster hängen. Tat man das nicht, bekam man
am nächsten Tag »Besuch«. Die Leute machten alles mit, nur um
keinen Ärger zu bekommen.

Durch all das, was um mich herum passierte, war mir schon
als kleiner Junge bewusst, dass Hitler unser »Führer« war, ein
ganz wichtiger Mann. Natürlich hörten wir ihn im Radio. Damals waren Radiosendungen ein besonderes Ritual. Man setzte
sich hin und hörte zu. Die Sendung war nicht bloß eine Art Hintergrundgeräusch: Sie stand im Mittelpunkt. Natürlich stellten
wir den Sender ein, wenn Hitler eine Rede hielt, die immer zu
einer bestimmten Zeit angekündigt wurde. Wir hörten auch die
neusten Nachrichten von der Front. In den frühen Kriegsjahren
war jede Schlagzeile eine blumige Verkündigung eines weiteren
Sieges. Dem gingen die Erkennungstakte von Beethovens Fünf-
ter voraus – *Da-da-da, dah. Da-da-da, dah* – und dann kam die
Stimme des Sprechers: »Dies ist eine Sondermeldung aus dem
Führer-Hauptquartier.« Darauf meldete sich das Oberkomman-
do der Wehrmacht und verkündete: »Die Deutschen haben War-
schau eingenommen.« Oder so etwas Ähnliches. Die Nachricht
war gewöhnlich ziemlich kurz, und dann ging es mit der Musik
weiter, bis alles vorbei war. Solche Ansagen gab es ein, zweimal
pro Woche.

Wir hörten auch klassische Musik, die meine Mutter besonders liebte. Radio zu hören hatte immer etwas richtig Geheim-

Unser Haus auf der Weinmeisterhöhe.

nisvolles, weil wir oft im Dunkeln saßen oder nur bei einem kleinen Lampenlicht. Meine Mutter schaltete das Radio ein. Zuerst hörte man nichts, aber wenn sich die Röhren allmählich erwärmten, wurde das weiße Licht im Signalfenster vorne auf dem Radio zum leuchtenden Grün.

Wir saßen aber auch im Dunkeln, weil es Luftangriffe geben konnte. Wir hatten uns schnell daran gewöhnt, weil man uns beigebracht hatte, nie ein Licht brennen zu lassen, das nicht gebraucht wurde. Das war eine Sache der Sparsamkeit. Strom war in Deutschland sehr teuer. Jeder machte das so, und viele haben diese Sparsamkeit ihr ganzes Leben behalten.

Meine Erinnerungen werden ab dem Jahr 1941 präziser, ich war jetzt vier oder fünf, und die Alliierten begannen mit ihren Luftangriffen auf Berlin. Die Deutschen hatten bei ihren Angriffen auf Großbritannien im Blitzkrieg 1940/41 vor allem London bombardiert. Hitler sagte, Deutschland konzentriere seine Angriffe auf Bahnhöfe und Industrieziele, etwa Fabriken und ähnliches. Und so war es auf beiden Seiten anfangs auch, aber von Anfang an gab es viele Opfer unter Zivilisten.

Nach dem Londoner *Blitz* war es, als schickten uns die Alliierten die Botschaft »Jetzt sind wir dran«. Die Behörden brachten auf vielen Dächern Sirenen an. Wir hatten keine auf unserem Dach, aber die anderen Sirenen waren nah genug, sodass wir sie gut hören konnten. Die Sirenen faszinierten mich, weil sie unterschiedliche Arten von Alarm gaben. Es gab den Voralarm, bei dem die Sirene in Intervallen mit kurzen Pausen heulte, was bedeutete, dass feindliche Flieger sich näherten. Jetzt war es an der Zeit, Schutz zu suchen. Dann kam der Vollalarm, bei dem die Sirenengeräusche in andauernden kurzen Wellen kamen: Ein Angriff stand unmittelbar bevor. Und endlich erfolgte die Entwarnung, ein stetiger Sirenenton, der etwa eine Minute andauerte und uns sagen sollte, dass die Bedrohung vorüber war.

Anfangs hatten wir keinen Bunker. Bei unserem ersten Luftangriff gingen wir in den Keller, und ich erlebte den schrecklichsten Moment meiner Kindheit. Ich muss etwa fünf gewesen sein. Der Kellerraum war hauptsächlich eine Vorratskammer, vielleicht drei mal sechs Meter groß; dort standen auf den Regalen Einmachgläser mit Obst aus unserem Garten, außerdem lag da Gemüse, das für den Winter eingelagert war. Meine Mutter, Geschwister, Großmutter und ich saßen in diesem Raum, ganz im Dunkeln. Kein Ton war zu hören. Niemand weinte. Alle waren ganz still. Wir harrten da wohl eine Stunde lang aus.

Das zweite Mal machte mir schon weniger Angst, weil ich das erste Mal gut überstanden hatte. Anfangs kamen die Luftangriffe mitten in der Nacht. Meine Mutter weckte uns, und wir gingen zusammen in den Keller. Wenn in der Umgebung Bomben fielen, klirrten die Einmachgläser und manche fielen direkt hinter uns von den Regalen. Beim ersten Mal dachte ich sofort, ich wäre von einer Bombe getroffen worden.

Die Erinnerungen meiner Schwester an diese Ereignisse sind ganz ähnlich. Sie war damals neun Jahre alt:

Als das Bombardement auf Deutschland losging, rechneten wir
ja schon sehr früh damit, dass die Berliner auch was abkriegen.
Ich weiß noch, dass wir mit der Großmutter unten im Keller ge-
sessen haben; ohne jeden Schutz. Das war ja kein Bombenkeller.
Naja, neben Marmeladegläsern und dem Kohlenhaufen haben
wir da unten gesessen, mit nassen Tüchern. Die sollten wir uns
im Notfall ganz schnell vors Gesicht halten. Man dachte dabei
an Gasbomben, die schnell zum Ersticken führen. Davor hatte
ich echt Angst. Aber Gas war dann doch keine Gefahr.

Neben mir saß immer die Großmutter. Und dann rauschte
eine Bombe übers Haus weg, pfeifend über uns, und da hat die
Großmutter mich – wir saßen in Liegestühlen, damit wir so ein
bisschen wie im Bett waren – bei der Hand genommen und ge-
sagt: »Kind, wir müssen Schluss machen.« Sie war der Meinung,
das sei jetzt der Haupttreffer aufs Haus. Das hat mich damals
schon in Angst und Schrecken versetzt. Aber ein Kind vergisst
schnell.

Als es mit den Bombardierungen schlimmer wurde, war klar, dass
wir in unserem Keller nicht mehr sicher waren, und mein Vater
organisierte den Bau eines unterirdischen Bunkers im Vorgarten,
etwa zehn Meter vom Haus entfernt. Er stellte dafür Männer an,
die ein großes Loch gruben, in das riesige Zementrohre verlegt
wurden. Diese Konstruktion diente als Bunker. Es gab Bänke,
auf denen man einander gegenüber sitzen konnte, ohne sich zu
berühren. Das Innere war vielleicht zwei Meter breit, eineinhalb
Meter hoch und drei Meter lang, mit einem Belüftungsschacht.
Die Eingangstür lag ebenerdig am Boden und konnte mit zwei
Henkeln angehoben werden; unter der Tür waren Treppen, die
in den Bunker hinunterführten, und eine zweite Tür am Ende der
Treppe, die zu dem röhrenförmigen Sitzbereich führte. Über dem
Bunker war ein riesiger Sandhaufen. Der Bunker überstand den
Krieg, und es gibt ihn heute noch. Vor einigen Jahren habe ich ihn
meinen Kindern und Enkelkindern gezeigt.

1943, als ich sieben wurde, hörte ich die Sirenen schon nicht
mehr. Sie waren wie ein normales Hintergrundgeräusch für

mich geworden, wie eine U-Bahn in der Nähe. Wir waren mindestens viermal pro Woche im Bunker. Meine Mutter weckte mich, ich stolperte aus dem Bett, ging runter in den Bunker, legte mich hin und schlief weiter.

In den Berliner Vororten hatten viele Familien ihre eigenen Bunker, weil es keine öffentlichen Schutzräume gegen Luftangriffe gab. In der Innenstadt mussten alle in die Luftschutzbunker gehen, die von der Regierung aus dickem Beton gebaut worden waren. Die waren ziemlich sicher, selbst wenn sie wegen des hohen Grundwasserspiegels von Berlin meist oberirdisch gebaut worden waren.

Man konnte sich auf das Bombardement deshalb so schwer einstellen, weil ganz unterschiedliche Bomben zum Einsatz kamen. Die meisten waren eigentlich nicht mit schwerem Explosionsmaterial gefüllt. Viele waren Brandbomben, die Feuer entfachten, aber sonst keinen weiteren Schaden anrichteten. Natürlich gab es auch Detonations- oder Sprengbomben. Von so einer direkt im Bunker getroffen zu werden – zum Glück war die Wahrscheinlichkeit gering –, hätte uns das Leben gekostet. Außerdem gab es noch eine dritte Sorte, die wir »Luftminen« nannten. Wenn die auf dem Boden auftraf, wurden horizontal Splitter verschleudert. Vor denen hatten wir am meisten Angst.

Wir wussten immer, wenn in unserem Bezirk Bomben fielen, weil der Lärm immer größer wurde und man auch andere Geräusche hören konnte. Wir wussten, wenn die Bomber nachts über uns in Richtung Stadtzentrum flogen. Natürlich konnte man sie nicht sehen, man konnte sie nur hören, aber dann sahen wir die Suchscheinwerfer der Flak, einer deutschen Artilleriestation, die ein paar hundert Meter entfernt auf der Havelhöhe stand. Die Scheinwerfer suchten den Himmel nach Flugzeugen ab, um sie abzuschießen. Manchmal standen wir draußen und schauten zu. Auch wenn sich das im Laufe des Krieges änderte, war es anfangs ziemlich unwahrscheinlich, dass die Alliierten Bomben rein zufällig abwarfen, weil sie spezielle Aufträge verfolgten, von Bezirk zu Bezirk. Die Vororte waren keine vorrangigen Ziele. Dennoch griffen die britischen Bomberpiloten die nahegelegene Flakstation an, und dadurch entstanden Kollateralschäden an unserem und anderen Häusern in der Nachbarschaft.

Wenn Bomben unsere Gegend getroffen hatten, machte es uns Kindern Spaß, am nächsten Morgen mit Blechdosen rauszugehen und Splitter einzusammeln. Wir suchten vor allem nach Schwermetallteilen. Manche waren noch warm und einige hatten Schraubgewinde. Schon als kleine Kinder kannten wir uns mit den unterschiedlichen Bombentypen aus, und wir lernten schnell, welche Splitter zu welchen Sprengkörpern gehörten. Das war besser als Briefmarkensammeln, richtig aufregend. Meine Freunde und ich tauschten die Fundstücke. Das beste Splitterstück war eines mit einer Seriennummer, weil es dann klar zuzuordnen war. Die zweitbesten waren große, fünf bis sechs Zentimeter lange Stücke von verbogenem Metall, das zerrissen war und wie Stacheln aussah. Wenn wir so etwas fanden, freuten wir uns besonders.

Das klingt vielleicht furchterregend, aber ich war von all dem nicht wirklich traumatisiert. Kinder gewöhnen sich schnell an fast alles. Für meine älteren Geschwister war es schwerer, weil sie schon zur Schule gingen, als der Krieg ausbrach, und sie konnten die vielen Gefahren bereits erkennen. Aber für uns jüngere Kinder war es nur ein großes Spiel.

Ich erinnere mich noch, wie unser Haus das erste Mal getroffen wurde; das war 1942 oder 1943. Wir waren im Bunker, und mein Bruder und der Nachbar vom anderen Haus auf unserem Grundstück spähten ab und zu raus, um zu schauen, ob unser Haus noch stand. Doch diesmal gab mein Bruder ein Zeichen, dass das Haus brannte. Zwar hatten wir noch nicht die Entwarnungssirene gehört, aber wir rannten alle los, um mit Sand und Wasser das Feuer zu löschen. Meine Mutter hatte für eben diesen Zweck in jedem Zimmer Eimer und Kästen aufgestellt. Hätten wir gewartet, bis der Luftangriff vorbei war, wäre unser Haus ganz abgebrannt.

Je nachdem, in welchem Winkel die Brandbomben ein Haus trafen, gingen sie ganz durch bis in den Keller oder sie blieben im Dach oder irgendwo dazwischen stecken. Einmal ging eine Brandbombe durchs Dach und landete im Bett meiner Großmutter. Sie war natürlich im Bunker. Die Erwachsenen kamen schleunigst aus dem Bunker, liefen ins Haus und warfen das ganze Bett aus dem Fenster. Zum Glück stand nur das Bett in Flammen.

Es war wichtig, alles richtig vorzubereiten, wenn man das Haus verließ. Selbst wenn man keinen direkten Einschlag hatte, konnten die Luftminen mit ihrem Druck alle Fenster zersplittern. Ehe wir also in den Bunker gingen, öffneten wir immer die Fenster, selbst mitten im Winter. 1942-43 wurden die Dachziegel durch den Luftdruck der Bomben fünfmal abgerissen. Wir hatten die Fenster geschützt, aber das Dach war mit Keramikziegeln gedeckt, die nicht alles aushielten. Viermal konnte mein Vater sie ersetzen lassen, was während des Krieges schon schwierig genug war, aber er verstand sich aufs Organisieren. Beim fünften Mal schließlich nagelten die Arbeiter Blechplatten aufs Dach. So überstand das Haus den Krieg.

Die Alliierten warfen auch sogenannte »Weihnachtsbäume« ab – so nannten wir sie zumindest. Das waren riesige Leuchtfeuer, fast wie Feuerwerke. Für kurze Zeit erhellten sie die ganze Gegend, während sie langsam herunterkamen. Sie sollten es den Bombern erleichtern, ihre Ziele zu finden, aber das Schauspiel, das sie erzeugten, war trotzdem schön.

Für Kinder wird wirklich alles normal, wenn man nur überlebt. Es gibt eine Geschichte aus jener Zeit, die ich besonders im Gedächtnis habe; sie zeigt meine Naivität und die Tatsache, dass das Leben selbst mitten im Krieg weiterging.

Jürgen war mit seiner Freundin im Wohnzimmer, und er wollte mich loswerden. So erfand er eine Geschichte. Er sagte: »Weißt du was? Hitler wird im Kino in Gatow auftreten.« Inzwischen war ich alt genug, um zu wissen, dass Hitler persönlich zu sehen eine ganz tolle Sache war. Man muss bedenken, dass es kein Fernsehen gab, und ich ging nie ins Kino, wo Hitler in den Wochenschauen zu sehen war. Ich kannte nur Fotos von ihm.

Mit meiner Mutter und
den Geschwistern, 1942.

Also machte ich mich ganz begeistert allein auf nach Gatow.
Es war ein Fußweg von etwa fünf Kilometern, und die Schuhe,
die ich anhatte, taten mir arg weh und ich bekam Blasen. Als ich
ankam, fand da nichts statt. Und so kam ich wieder nach Hause,
außer mir vor Wut.

Im Herbst 1942 kam ich in die Grundschule; einen Kinder-
garten gab es nicht. Die Schule war ziemlich weit von unserem
Haus entfernt, sodass meine Freunde und ich mit dem Bus fahren mussten. Wir gingen zehn Minuten bis zur Haltestelle, ganz
allein ohne Babysitter. Die Leute waren damals nicht so über-
ängstlich wie heutzutage. Natürlich gab es in den Vororten auch
wenig Kriminalität. Ich ging morgens mit meinem Pausenbrot
los: ein Schwarzbrot und vielleicht ein Apfel oder eine Birne, keine Bananen. Ich sah meine erste Banane, als ich vierzehn war.

Irgendwann in meinem ersten Schuljahr erschienen die Busse
mit Pappe in mehreren Fenstern statt Glas, weil sie von der Bom-
bardierung in der Nacht zuvor beschädigt waren. Schließlich kamen gar keine Busse mehr. Aber das passierte erst allmählich.

Zuerst fuhren sie nicht mehr regelmäßig, und wir machten uns zu Fuß auf zur Schule, die fünf Kilometer entfernt lag. Immer öfter mussten wir den ganzen Weg zu Fuß gehen.

Später gab es manchmal am Tag Luftangriffe, während wir auf dem Nachhauseweg von der Schule waren. Die deutsche Luftabwehr war inzwischen ziemlich außer Gefecht. Wenn die Sirenen losgingen und es ein schöner Tag war, konnten wir die Armada von Flugzeugen über uns hinwegfliegen sehen und das tiefe Summen der Propellermaschinen hören. Sie sahen wie kleine Silberfische am Himmel aus. Wir wussten, dass keine unmittelbare Gefahr bestand, weil sie zum Stadtzentrum flogen. Aber wenn sie zurückkamen, warfen sie manchmal Bomben ab, die noch im Flugzeug übrig waren, um ihre Fracht für den Rückflug zu erleichtern. Dann gingen wir in einen der Ein-Mann-Luftschutzstände, die in Abständen an der Straße standen. Wir quetschten uns zu mehreren hinein und hatten dann wirklich Angst.

Die Regierung hatte inzwischen entschieden, die Kinder aus Berlin zu evakuieren. Die Schule meines Bruders, das Kant-Gymnasium, wurde mit Lehrern und Schülern aufs Land geschickt, hunderte von Kilometern östlich, in einen Ort namens Litzmannstadt, im heutigen Polen. Die Schule meiner Schwester wurde mit dem Zug an einen Ort in Sachsen gebracht, in die Nähe von Leipzig. Somit blieb die Frage, was mit mir passieren sollte, denn ich war noch zu klein, um ohne meine Eltern evakuiert zu werden.

Schließlich brachte mich meine Mutter nach Leipzig. Ich sollte bei ihrer Schwester bleiben, weil Leipzig angeblich sicherer als Berlin war und weil ihr Mann, ein U-Boot-Kapitän, nicht zu Hause war. Meine Mutter meldete mich dort in der Schule an, und da ging es mir zum ersten Mal richtig schlecht. Das hatte nichts mit dem Krieg zu tun, sondern damit, wie ich von den anderen Kindern behandelt wurde. Meine neuen Klassenkameraden hassten Berlin und die Berliner, zum Teil weil wir einen anderen Dialekt sprachen als in Sachsen. Ich war immer beliebt gewesen, aber in dieser Schule wurde ich gepiesackt – nicht nur von den

Kindern, sondern auch von den Lehrern. Die Kinder hänselten mich und warfen Steine nach mir, sodass ich jeden Tag von der Schule abgeholt werden musste. Es wurde so schlimm, dass das Experiment nur ein paar Wochen dauerte, ehe meine Mutter und ich wieder nach Berlin zurückkehrten.

Zu Hause kam ich eines Tages zu unserer Grundschule und fand sie völlig abgebrannt vor; sie hatte einen Volltreffer abbekommen. Wir Kinder waren natürlich begeistert. Aber so merkwürdig es klingen mag, dies war wohl einer der wenigen Tage, an denen ich während des Krieges nicht zur Schule ging. Am nächsten Tag wurde der Schulbetrieb wieder aufgenommen, man hatte uns in eine Gärtnerei einquartiert.

Als ich dann sechs oder sieben war, schaute ich schon jeden Tag in die Zeitung, die meine Eltern abonniert hatten. Die Presse war komplett »nazifiziert«, aber ihre alten Namen hatten die Zeitungen noch behalten. Vor Hitlers Machtübernahme war die *Deutsche Allgemeine Zeitung* eine demokratische Zeitung der Mitte gewesen. Nachdem die Nazis sie übernommen hatten, wurde ihr Stil sensationslüstern und parteiisch. Doch immerhin fand man in der Zeitung Landkarten, auf denen die Frontlinien zu sehen waren. Damals spielte sich das Geschehen zumeist in Russland ab, und ich verfolgte das, natürlich in der Überzeugung, dass Deutschland den Krieg gewinnen würde.

Es kam mir nie in den Sinn, dass es auch anders ausgehen könnte. Die Zeitung war so von Propaganda durchdrungen, dass der Sieg sich von selbst verstand. Immer wenn es einen Rückschlag gab, verschleierten die Berichte einen etwaigen Rückzug. Stattdessen hieß es, die deutschen Truppen gingen in vorbereitete Stellungen. Allerdings lagen diese Stellungen irgendwie immer hinter den vorherigen Stellungen. Selbst als kleines Kind roch ich den Braten ziemlich schnell.

Es gab aber auch andere Themen, über die ich damals wenig wusste. Zum Beispiel die schreckliche Misshandlung der Juden. Oder die Konzentrationslager.

Meine Schwester berichtete, dass zu Hause niemand darüber redete. Vielleicht sprachen unsere Eltern und die Großmutter darüber, meinte sie, aber erst wenn wir im Bett waren. Was die Politik angeht, könne sie sich nicht erinnern, dass wir uns mit der Politik unseres Landes irgendwie beschäftigt hätten. Abgesehen von den Jugendgruppen, deren politische Ausrichtung uns nicht bewusst war.

Wir haben auch nicht mitgekriegt, dass Juden abgeholt wurden, weil wir keinen Kontakt zu Juden hatten. Andere hatten ja gemerkt, dass plötzlich in der Nachbarschaft die und die Leute fehlten, aber bei uns wohnten nun mal keine Juden. Wir sind wirklich zu Kriegsbeginn so aufgewachsen, wie es vorher war.

Aber es gab mindestens einen Vorfall, bei dem Gisela dabei war und der sie bis heute verfolgt, noch über siebzig Jahre danach:

Bei uns um die Ecke lag ein schönes Haus, ich nannte es immer das unheimliche Haus, ein Klinkerbau, ziemlich hoch gebaut. Mutter ging damals mit der Spar- oder Spendenliste vom Winterhilfswerk herum. Und manchmal habe ich sie begleitet. In diesem Haus, hat sie mir mal erzählt, wohnte eine Frau Lorand. Sie war Schauspielerin und ihr Mann auch. Und die spendete dann immer auch. Mutter sprach mit ihr ein paar freundliche Worte.

Von meinen Freundinnen hörte ich: »Den Mann hat Hitler abgeholt. Den haben sie aufgehängt! Der hat da gehangen und hat die Zunge raus!« Und dann sind wir Kinder auf die Straße gegangen, ich war vielleicht fünf Jahre alt, und wie Kinder so sind, wenn die Frau Lorand kam, haben wir alle die Zunge herausgestreckt. Wenn ich daran heute denke, habe ich ein ganz schlechtes Gewissen, denn diese Frau war wirklich sehr nett.

Nach dem Krieg sagte ich zu meiner Mutter: »Aber sie sagen immer, da wären große Transporte von den Berliner Bahnhöfen weg gegangen.« Meine Mutter antwortete: »Es hieß, die Juden werden in Sicherheit gebracht. Die kommen in für sie geeignete Reservate. Mehr haben wir doch nicht gehört!«

Die deutschen Medien erwähnten die Lager natürlich auch nicht. Die Juden wurden nur negativ dargestellt und man gab ihnen für alles die Schuld. Das war eine nationale Hysterie, die von den Nazis angeheizt wurde.

Von zivilen Opfern erfuhr ich auch nicht viel. Mein Cousin, der Sohn der Schwester meines Vaters (der viele Jahre älter war als ich), war gleich zu Kriegsbeginn im Polenfeldzug gefallen, bereits in der ersten Woche. Ein anderer Cousin fiel, kurz nachdem er in den Krieg zog, genau wie sein Vater. Ich kannte weder die beiden Jungen noch meinen Onkel.

In den ersten Kriegsjahren konnte ich hautnah miterleben, wie die Infrastruktur zusammenbrach und alltägliche Dinge wie Lebensmittel immer knapper wurden.

Mit der Rationierung ging es kurz nach Kriegsbeginn los, es muss 1940 gewesen sein. Jeder bekam eine Zuteilung für ein paar Gramm Fett und ein paar Gramm von diesem und jenem, und das wurde auf einem monatlichen Bezugsschein aufgelistet. Die Karte war in drei Zehn-Tages-Abschnitte aufgeteilt, damit man nicht seinen ganzen Monatsvorrat auf einmal verbrauchte. Man konnte den ersten Teil der Coupons nur in den ersten zehn Tagen einlösen, und dann musste man auf die nächsten zehn Tage warten, und dann wieder zehn Tage lang.

Eine richtige Hackordnung entstand, weil es unterschiedliche Arten von Bezugsscheinen gab. Wenn man einer schweren Arbeit nachging, erhöhte das Rationierungsbüro die jeweilige Zuteilung. Die normale Vorratsmenge für unsere Familie wäre in besseren Zeiten kaum genug gewesen. Aber mir reichte meine Ration. Ich war nie ein großer Esser, sodass ich nicht unter Hunger litt, das begann erst nach dem Krieg. Meine Mutter hatte keine Einwände gegen die Rationierung. Für sie war das nichts im Vergleich zum Ersten Weltkrieg; da hätten die Menschen wirklich Hunger gelitten.

Währenddessen wurden die Luftangriffe fortgesetzt. Nachts konnten wir von der Weinmeisterhöhe in Spandau die ganze Stadt in Flammen sehen. Jede Nacht andere Stadtteile. Berlin war zu groß, als dass die ganze Stadt gleichzeitig bombardiert werden konnte. Die Alliierten nahmen sich einen Bezirk nach dem anderen vor – »Flächenbombardement« hieß das. Dabei ging alles in Flammen auf. Schließlich sagte meine Mutter eines Abends: »Wir müssen weg hier.« Vater stimmte zu. »Ihr müsst umziehen. Wir können euch nicht in Berlin halten.«

Tatsächlich war es ziemlich gefährlich. Der Krieg kam immer näher. Meine Mutter war sehr nervös und angespannt, weil sie den Haushalt führte, sich um die Rationierung kümmerte und fast jede Nacht bei den ersten Sirenengeräuschen dafür sorgte, dass wir im Bunker waren. Dann kam mein Vater eines Tages nach Hause und sagte: »Alles ist organisiert. Morgen fahren wir Richtung Osten nach Bottschow.«

Bottschow ist ein Dorf jenseits der Oder. Als Bombenziel war die Gegend uninteressant, tatsächlich gab es dort während des ganzen Krieges keinen einzigen Luftangriff. Die Ortschaft, nur neunzig Kilometer östlich von Berlin, liegt im heutigen Polen und heißt jetzt Boczów.

Ahnungslos worum es ging, sagte ich: »Ich will nicht weg. Alle meine Freunde sind hier. Meine Schule ist hier.« Vater hielt eine große Rede darüber, wie schön der Ort sei; er sagte, das Haus, in dem wir wohnen würden, sei »ein echtes Schloss«. Damit hatte er mich überredet. Ich lief über die Straße, um es meinem besten Freund Peter Babikow zu erzählen. Als ich ihm sagte, dass wir wegziehen würden, war er ziemlich betrübt. Aber mir war das egal. Ich war zu aufgeregt.

Wir hatten Berlin überlebt – fürs Erste jedenfalls.

Flucht nach Osten

Mein Vater musste sofort wieder zurück an die Front, sodass nur meine Mutter, meine Großmutter und ich am nächsten Tag mit dem Auto nach Bottschow fuhren. Meine Geschwister waren noch immer an den evakuierten Schulorten. Weil wir am westlichen Rand von Berlin wohnten, mussten wir quer durch die Stadt fahren. Zum ersten Mal in meinem Leben sah ich richtige Zerstörung, Mitte 1943.

Wir sahen Straßen, in denen wirklich jedes Gebäude zerstört war – Flammen schossen hoch, aber es gab keine Feuerlöscher oder etwas dergleichen. Die Menschen bewegten sich wie Geister und versuchten, hier und da etwas zu retten. Ich konnte die Zerstörung gar nicht fassen. Die Straßen waren einigermaßen freigeräumt, sodass ein Auto passieren konnte, aber nur knapp. Es war extrem still, bis auf das Knistern der Flammen. Daran kann ich mich noch genau erinnern.

Meine Mutter sagte immer wieder: »Das ist ja schrecklich.« Sie war völlig niedergeschlagen, was sonst so gar nicht ihre Art war. Normalerweise hatte sie eine positive Einstellung. Ich sah keine Leichen in den Straßen liegen, aber ich wusste, dass viele Menschen umgekommen waren. Endlich verstand ich, warum wir Berlin verließen. In dem Moment hatte ich wirklich Angst – ein Gefühl, das für mich ganz unerwartet kam.

Meine Mutter hatte mir erklärt, dass wir mit England, Frankreich, Amerika und Russland im Krieg wären und dass sie Flugzeuge schickten, um uns zu bombardieren. Aber so richtig verstand ich das nicht. Für mich war *immer* Krieg gewesen. Das war der Normalzustand, nicht eine schreckliche Ausnahmezeit. Zu der Zeit war ich alt genug, um infrage zu stellen, warum sie Bomben auf uns abwarfen, warum sie das alles taten. Allmählich dämmerte es mir, dass das Leben ziemlich ungewöhnlich war.

In der Schule hörten wir natürlich nichts über den Krieg. Wir hatten Unterricht in den traditionellen Fächern: Lesen, Schreiben und ähnliches. Später fand ich heraus, dass es Jürgen und Gisela genau so ging. Sie lasen die Klassiker, und vom Krieg war nie die Rede.

Es fiel mir schwer, mit all dem klarzukommen. Obwohl es die Briten waren, die die meisten Bomben abwarfen, schien der Hass überwiegend gegen die Russen zu gehen. Das hatte mit der deutschen Einstellung gegenüber den Menschen zu tun, mit dem Gefühl, dass Germanen den Slaven überlegen seien. Hitler war ja ein Bewunderer der Briten gewesen. Aber die waren einem Vertrag verpflichtet, bei einem Einmarsch deutscher Truppen in Polen Deutschland den Krieg zu erklären, und das taten sie dann auch. Für Hitler war das ein Schock. Diesmal konnte er nicht bluffen. Er sah die Engländer und die meisten Amerikaner als den Deutschen ebenbürtig an und wollte verhindern, gegen sie Krieg führen zu müssen. Ironischerweise war er es dann, der Amerika den Krieg erklärte.

Das »Schloss«, das mein Vater mir versprochen hatte, war ein großes Landhaus, aber für mich war es ein Schloss. Es gehörte einer Familie von Bonin. Die Gegend war fast feudal wie im alten Ostpreußen. Herr von Bonin war der Großgrundbesitzer am Ort. Ich glaube, jeder im Dorf war von ihm abhängig.

Als wir ankamen, wurden uns Zimmer zugewiesen. Meins lag ziemlich weit oben, und ich war ganz begeistert. (Veränderung hat mich immer begeistert.) Herr von Bonin war als Offizier im Krieg. Im Haus war nur seine junge hübsche Frau, die sich um alles kümmerte und sehr nett war. Ich vermute, dass auch andere Leute dort gewohnt haben, aber ich kann mich nicht an sie erinnern. Das Haus war so groß, dass man anderen nicht unbedingt begegnete.

Es gab ein Nebengebäude für die Angestellten und für einige der Leute, die auf den Feldern arbeiteten; manche von ihnen wohnten dort. Es gab eine fest angestellte Köchin, die in einer riesigen Küche die Mahlzeiten für die Arbeiter und die Familie

Berlin in Trümmern.

besorgte. Beim Abendessen waren wir etwa zehn Personen, und weil wir auf dem Lande waren, gab es immer genug zu essen.

Manchmal kam eine der beiden Großmütter für längere Zeit zu Besuch. Jürgen und Gisela kamen auch dazu, nachdem wir uns auf dem Lande eingerichtet hatten.

Ich ging in die Schule im Dorf, die aus einem Schulhaus mit einem Klassenzimmer für Kinder von der ersten bis zur achten Klasse bestand. Niemand aus dem Dorf kam weiter als bis zur achten Klasse. Meine Schwester und mein Bruder mussten eine halbe Stunde mit dem Nahverkehrszug nach Frankfurt an der Oder fahren, wo das nächstgelegene Gymnasium war.

Unser Leben in Bottschow gab uns ein Gefühl von Normalität, ja von einer gewissen Monotonie. Es war ein kleines Dorf mit einer Bevölkerung von etwa zweihundert Menschen. Es war nichts los, alles war idyllisch, friedlich. Es gab keine Luftangriffe, und meine Mutter konnte sich erholen. Wir alle erholten uns.

Mir gefiel es dort. Mein Bruder und ich gingen gerne auf den riesigen Dachboden und bauten dort eine Modelleisenbahn auf. Draußen waren Felder und Wälder und auch ein See, in dem wir schwimmen konnten.

Jeder war nett und freundlich. Die Leute hatten keine großen Sorgen, außer dass sie ihren Alltag bewältigen mussten. Unsere Schulroutine wurde manchmal dadurch unterbrochen, dass Kartoffelkäfer über die Felder herfielen. Dann mussten wir rausgehen und jede einzelne Kartoffelpflanze nach den Insekten absuchen. Wir mussten auch bei der Kartoffelernte helfen. Wir bekamen Körbe, und für jeden vollen Korb erhielten wir von dem Bauern ein paar Pfennige.

Bei der Arbeit auf dem Feld sah ich zum ersten Mal russische Kriegsgefangene. Sie arbeiteten mit uns zusammen, trugen keine besondere Kleidung oder Gefängnisuniformen, sondern waren wie alle anderen gekleidet. Sie waren recht freundlich; manche von ihnen sprachen etwas gebrochenes Deutsch. Zum ersten Mal begegneten mir hier Menschen, deren Muttersprache nicht Deutsch war. Ich erzählte meiner Mutter von ihnen und wie nett sie seien. Sie meinte: »Ja, sie sind froh, dass sie nicht mehr im Krieg sind. Weißt du, es geht ihnen hier viel besser, als wenn sie für die Russen kämpfen müssten.« Und da hatte sie wohl Recht. Später natürlich, als Stalin diese Leute wieder einfing, kamen viele von ihnen in Kriegsgefangenenlager oder »Erziehungslager«. Viele wurden umgebracht. Aber jetzt arbeiteten sie erst einmal ohne deutsche Soldaten oder sonst jemanden in Uniform und mit Waffen. Sie wirkten gesund und gut ernährt. Wo sie wohnten, weiß ich nicht, vermutlich schliefen sie in Baracken in der Nähe.

Sie waren doppelt so schnell, nein zehnmal so schnell wie wir! Klar, sie waren um die fünfundzwanzig und wir waren erst sieben und acht. Aber es war erstaunlich zu sehen, wie diese Kerle Kartoffeln sammelten. Vielleicht waren sie in Russland Landarbeiter gewesen und daran gewöhnt. Dann fand ich heraus, dass die Gefangenen nicht bezahlt wurden. Das fand ich nicht fair.

Ich kann mich noch erinnern, wie wir Geschwister und unsere Mutter zusammen im Schlossgarten saßen. Wenn es ein schöner Tag war, nahm sie gerne ihren Nachmittagstee draußen. Sie sah uns an und sagte: »Ich muss euch etwas sagen. Ihr dürft es niemandem verraten, unter keinen Umständen. Euer Vater hat mir gesagt, der Krieg sei nach der Schlacht von Stalingrad verloren.« Diese Schlacht war am 2. Februar 1943 beendet.

Mich traf das als ein großer Schock. Ich hatte bereits gemerkt, dass die deutschen Linien auf den Landkarten zurückgefallen waren. Ich merkte, dass meine Mutter mehr wusste, als sie durchblicken ließ. Aber niemand, weder mein Bruder noch meine Schwester, sprach später darüber. Stalingrad war für die Deutschen der Wendepunkt des Krieges. In Wirklichkeit war der Krieg schon nicht mehr zu gewinnen, seit Hitler England und Amerika im Westen und die Sowjetunion im Osten als Gegner hatte. Nach dem Ersten Weltkrieg war das deutsche Militär der Meinung, dass der größte Fehler gewesen war, an zwei Fronten zu kämpfen, und dass sich das nie wiederholen sollte. Natürlich ignorierte Hitler, der »große Stratege«, diesen Rat.

Im Sommer 1944, als wir noch in Bottschow waren, erfuhren wir von dem Attentat auf Hitler. Als wir im Radio die Nachricht hörten, war bereits klar, dass Hitler überlebt hatte. Viele Verschwörer und Mitwisser wurden verhaftet und ermordet. Ich war etwas überrascht, dass dieses Attentat überhaupt verübt wurde, da es ja bisher keinerlei Verlautbarungen über eine Opposition gegen Hitler gegeben hatte.

Ich war gerade acht geworden, und soweit ich mich erinnere, war ich erleichtert, dass Hitler nicht umgekommen war. In gewisser Weise war Hitler immer als Vaterfigur dargestellt worden, wie Stalin in Russland, die uns zu größerer Macht führen würde. Erst viel später erfuhr ich, dass dies typisch ist für eine Diktatur. Der Diktator wird dem Volk immer als allwissender weiser Vater dargestellt. In einer wirklichen Demokratie, wie in den Vereinigten Staaten oder in England, würde das nie funktionieren.

Während unserer Zeit in Bottschow war mein Vater in Italien stationiert und arbeitete bei Fiat in Turin. Dort waren Fabriken für die Produktion von Flugzeugen umgerüstet worden. Er schenkte mir ein in Italien hergestelltes Fahrrad zum Geburtstag, und das war absolut Spitze. Gisela erinnert sich, dass er vor der Zeit in Italien offenbar in »geheime« Gebiete fliegen musste:

> Er ist ja auch immer in die Einsamkeit geflogen, wo er notgelandet ist, auch in der Steppe irgendwo. Einmal hat er erzählt, dass er auf der Krim gewesen ist. Er meinte: »Das ist eine wunderschöne Ecke. Wenn wieder Frieden ist, dann könnten wir mal dahin fahren und Ferien machen.«
>
> Als er aus Bulgarien zurückkam, hat er erzählt, wie sie immer so verwöhnt worden seien. Die Frauen wären pieke sauber, hätten schönes Brot gebacken und Kuchen. Hätten ihn damit gefüttert. Und er hat ihnen dann was abkaufen wollen. Einmal brachte er mir ein ganzes auf Grobleinen gesticktes Kleid mit. Das hatte so ganz breite gestickte Kreuze, mit ganz kleinem Kreuzstich. Wunderschön in blau und rot.

Von Zeit zu Zeit besuchte uns mein Vater in Bottschow. Sein letzter Besuch war mitten im Winter. Das muss Anfang Januar 1945 gewesen sein; die Russen waren schon in Deutschland. Wochenlang hatte ich von meinem Schlafzimmerfenster aus, während ich meine Hausaufgaben erledigte, nichts anderes gesehen als deutsche Militärfahrzeuge – Lastkraftwagen und Panzer –, die Richtung Westen unterwegs waren, also weg von der Ostfront. Die Deutschen waren auf dem Rückzug. Auch mir war bereits klar, dass der Krieg nicht so lief, wie er sollte. Ich konnte Artilleriefeuer hören, sogar aus beträchtlicher Entfernung. Man nannte die Geschütze »Stalinorgel«, weil sie sich für uns wie Orgelmusik anhörten.

Als mein Vater ankam, sagte er: »Was? Ihr seid noch hier? Ich muss euch hier rausholen.« Jedes Dorf, jeder Bezirk hatte einen Kommandeur, und diese lokalen Naziführer hatten der Bevölkerung die Flucht untersagt, um defätistische Einstellungen zu unterdrücken. Die Menschen, die in den Dörfern festsaßen, waren durchweg Frauen und Kinder. Auch meine Mutter und unsere Gastgeberin, Frau von Bonin.

Meine Schwester kann sich noch an einen Vorfall aus jener Zeit erinnern, der zeigt, wie verzweifelt mein Vater die Situation für die Deutschen einschätzte:

Dass der Krieg verloren ist, wurde hinter offener Hand schon überall erzählt. »Das können wir nicht mehr gewinnen.« Und ich habe immer gedacht: »Oh Gott, oh Gott, oh Gott!« Wenn ein Krieg verloren ist, naja, dann hat man gedacht, dann ist er eben aus. Aber wie sich das abspielt, ein Kriegsende, das konnte sich keiner vorstellen. Wir hörten jeden Abend im Radio die Frontlage.

Nach einem solchen Bericht sagte Vater einmal: »Das stimmt nicht mehr. Das ist eine alte Nachricht. Die Russen sind schon über die deutsche Grenze und in Ostpreußen.« Und Mutter sagte immer: »Werner, du bringst dich in Teufels Küche.« Und er wäre ja auch fast auf die Schnauze gefallen mit dem Hofmeier, der als Naziführer das Sagen hatte auf dem Hof in Bottschow.

Vater hatte Frau von Bonin gesagt, hochschwanger wie sie war: »Packen Sie das Nötigste ein und fahren Sie erstmal nach Berlin. Sie können dort bei uns Zwischenstation machen.« Sie wollte zu einem Onkel an die holländische Grenze, in die Grafschaft Bentheim. Das hat sie dem Hofmeier gesagt, und der hat Vater, der nur drei Tage über Weihnachten bei uns war, zur Rede gestellt: »Sagen Sie das noch einmal, und ich zeige Sie an. Ich zeige Sie an!«

Ein anderes Mal hat Vater freundlich über die Ukrainer gesprochen: »Das ist ein anständiges Volk. Sauber und arbeitsam. Mit denen müssten wir uns eigentlich verbünden.« Und meine Mutter mahnte: »Sei doch vorsichtig, Werner.«

Mein Vater organisierte einen Laster, irgendein Militärfahrzeug, um einige unserer Habseligkeiten zu transportieren. Als wir 1943 Berlin verließen, dachten meine Eltern, unser Haus würde zerstört werden, sodass sie alle Möbel, alle Orientteppiche und wirklich fast alles ins Schloss brachten. Jetzt, kaum zwei Jahre später, waren wir wieder in Eile und mussten all unser Hab und

Gut zurücklassen. Aber wenn ich mich richtig erinnere, wurde der Herd mitgenommen. Er war ein wichtiges Möbelstück. Man stelle sich das mal vor, einen schweren Gasherd durch den Schnee zu transportieren, es war ja mitten im Winter, und dann auf einem Laster.

Vater brachte meine Großmutter und mich nach Frankfurt an der Oder und setzte uns in einen Zug zurück nach Berlin. Die Züge waren gefährlich überfüllt; allgemein herrschte schlechte Stimmung. Es gab kein Benehmen mehr, und die Leute saßen auf den Zugdächern. So ging das dann auch nach dem Krieg weiter.

Meine Mutter, Gisela und Jürgen kamen ein paar Tage später nach. Sie schafften es gerade noch aus Bottschow raus, ehe die Russen ankamen.

Jürgen erzählte einmal meiner Frau Mary Ellen, wie gefährlich die Situation war:

Wir rannten im wörtlichen Sinne um unser Leben. Als wir am Bahnhof in Frankfurt an der Oder ankamen, besorgte ich die Fahrkarten. Aber es gab keine Züge mehr, und all diese Leute auf den Bahnsteigen froren. Schließlich fuhr ein Zug ein, ein Krankentransport von der Front mit verwundeten deutschen Soldaten. Als er hielt, drängten sich die Leute und wollten einsteigen, aber sie wurden zurückgehalten. Es gab ein strenges »Nein!« Dann öffnete sich eine Tür einen Spalt, und ich zog mich mit den Armen hoch; ich griff nach Mutter und Schwester und zog sie in den Zug. Später erfuhr ich, dass die Leute, die im Schloss geblieben waren, umgebracht wurden. Die Russen waren eingefallen, hatten vergewaltigt und gemordet und dann das ganze Haus in Brand gesetzt.

Wir kehrten für zwei oder drei Wochen in unser Haus in Spandau zurück, es stand noch, allerdings schwer beschädigt. Ich kann mich kaum an diesen Aufenthalt erinnern. Es war kurz vor Kriegsende, Ende des Winters.

Bald danach zogen wir nach Kalbe an der Milde, eine Kleinstadt etwa sechzig Kilometer westlich von Berlin. Eine Schul-

Mein Bruder Jürgen
mit 14 Jahren, 1943.

freundin meiner Mutter war dort mit einem Arzt verheiratet, und sie und ihr Mann hatten dafür gesorgt, dass wir in einem Pfarrhaus Zuflucht finden konnten.

Es war eine sehr hektische Zeit, alles andere als normal. Mein Vater war natürlich nicht da und mein Bruder erst sechzehn Jahre alt. Mit fünfzehn sollten die Jungen eingezogen werden. Aber Jürgen war gewieft. Er wusste, dass der Krieg verloren war, und so ging er den Nazis aus dem Weg, indem er sich nicht bei der örtlichen Polizeistelle anmeldete, als wir nach Berlin zurückkamen, und auch nicht, als wir nach Kalbe zogen. Das war landesweit Pflicht. Keine Nazi-Maßnahme, sondern eine schon lang bestehende Regelung. Sie erleichterte es den Nazis jedoch während des Kriegs, die Fünfzehnjährigen zu finden, die noch nicht eingezogen waren. Mein Bruder wurde nie eingezogen; er war überhaupt nicht im Krieg. Und wir erfuhren, dass er nicht der einzige war. In Berlin grassierte sozusagen die Wehrpflichtverweigerung.

Natürlich hatte ich zum damaligen Zeitpunkt keine Ahnung, was mein Bruder vorhatte. Ich wusste, dass meine Mutter sich große Sorgen um ihn machte; sie brauchte meinen Bruder schließlich, weil Vater ja nicht da war. Er stellte sich der Herausforderung und spielte die Rolle des erwachsenen Mannes in unserer Familie; er übernahm eine Menge Verantwortung. Nicht nur, dass er der Älteste war, er sah auch schon sehr erwachsen aus, mit seinen ein Meter neunzig.

In Kalbe schickte mich meine Mutter sofort in die Schule. Das war zwar nicht so traumatisch wie in Leipzig, aber schwierig war es allemal. Fast über Nacht waren wir von einem sehr idyllischen Ort nach Hause zurückgekehrt, und dann ging es gleich von Berlin weiter in die nächste Stadt, wo jedenfalls kein Schloss stand. Wir waren von einem Leben auf vielen Hektar Land in eine extrem enge Umgebung gekommen, weil das Pfarrhaus voll mit anderen Flüchtlingen war.

Sonntags musste ich in die Kirche gehen, die über einen kleinen Platz hinweg gleich gegenüber lag. Danach musste ich mit dem Pfarrer zurück nach Hause gehen, wo er mich das Geld aus der Kollekte zählen ließ. Das machte mir wirklich Spaß, deshalb kann ich mich daran erinnern. Selbst wenn es vermutlich nicht viel war, für einen Achtjährigen war es eine Menge Geld. Ich hatte noch nie so viele Münzen und Scheine auf einmal gesehen.

Kalbe war genau wie Bottschow, friedlich. Die Wehrmacht hatte die meisten Soldaten von der Westfront zurückgezogen, damit sie gegen die Russen kämpfen konnten. In jenem Januar standen die Russen schon nahe an der Oder, etwa fünfzig Kilometer östlich von Berlin; sie brauchten bis April, um nach Berlin zu kommen.

Allerdings war ich eines Tages auf einer Landstraße und sah zwei Jagdflugzeuge im Gefecht. Das war ein spannendes Schauspiel. Ich konnte nicht erkennen, welches Flugzeug das deutsche war. Sie schossen aufeinander, und dabei kreisten sie direkt über meinen Kopf hinweg. Und dann ging eines von beiden plötzlich in Flammen auf und stürzte in ein Feld, ein, zwei Kilometer entfernt. Da ich nie von irgendwelchen deutschen Verlusten gehört hatte, dachte ich, dass das deutsche Flugzeug den Feind abgeschossen haben musste. Aber als ich zu dem Feld lief, um zu sehen, was passiert war, erkannte ich, dass das deutsche Flugzeug zerstört worden und der Pilot natürlich umgekommen war. Die Polizei war schon da, und man ließ mich nicht allzu nah heran. Ich war schockiert. Es war das erste Mal, dass ich einen richtigen Kampf miterlebte!

Mit dem Kriegsende wurde die Elbe zur Grenze zwischen Ost- und Westdeutschland. Unser damaliger Wohnort knapp östlich der Elbe gehörte am Ende zur Sowjetzone. Aber die Sowjets hatten das Gebiet nie erobert. Die Amerikaner erreichten als Erste die Elbe und überquerten sie dann. Eines Nachts rollten sie durch Kalbe, ohne dass ein Schuss abgegeben wurde.

Meine Mutter berichtete, dass die Leute in der Stadt darüber diskutierten, ob Widerstand geleistet werden sollte. Sie fand das verrückt und sagte: »Lass uns da nicht mitmachen.« Zu der Zeit wurden die Leute schon sehr offen; sie schrien die örtlichen Nazis an, die ihren Einfluss verloren hatten. Die Ordnung brach zusammen. Die Leute sagten: »Wir wollen, dass das alles ein Ende hat.«

Wir erhielten Anordnung, in unsere Keller zu gehen, denn niemand wusste, was die Amerikaner tun würden. Wir hatten Angst, dass sie die Häuser abbrennen würden. Es war Nacht, alles war dunkel, und wir hörten das Rattern der Panzer auf der nahegelegenen Straße. Mein Bruder sagte: »Ich gehe mal raus, ich will das sehen.« Meine Mutter entgegnete: »Unter keinen Umständen, Jürgen, unter gar keinen Umständen!« Aber mein Bruder machte, was er wollte. Also ging er. Meine Mutter war außer sich. Nach geraumer Zeit kam er zurück. Er hatte ein breites Lächeln im Gesicht und sagte: »Wollt ihr Kaugummi?« Er hatte mit amerikanischen Soldaten geredet, denn Jürgen sprach ziemlich gutes Schulenglisch. Die GIs waren richtig nett, fand er, obwohl sie ja vermutlich ziemlich schlimme Dinge gesehen hatten. Sie schossen nicht auf ihn und taten ihm auch sonst nichts an. Er hatte sie gefragt, ob sie nach Berlin wollten, und sie antworteten: »Klar, wir sind auf dem Weg nach Berlin.« Sie wussten nicht, dass sie nicht so weit vorrücken durften. Sie hätten am nächsten Tag in Berlin sein können, aber ihr Oberbefehlshaber, der spätere US-Präsident Dwight D. Eisenhower, verwies auf das Abkommen von Jalta, nach dem die Russen Berlin erobern sollten. Dementsprechend rückten die Amerikaner nicht weiter vor.

Gisela weiß noch, wie die Amerikaner die Stadt einnahmen:

Wir hatten nie einen Ami gesehen, aber sie grüßten alle freundlich. Ich kriegte von einem Amerikaner einen Ring geschenkt, der sah aus wie aus Gold. Es war ein Ehering, da war auch etwas eingraviert. Und einen china-blauen Kuchenteller mit Zackenrand an den Seiten. Den habe ich Mutter gebracht. Da sagte sie: »Den hat er irgendwo geklaut. Hat er ja wohl nicht mitgebracht.« Und ich sollte nicht so freundlich sein. Das hätten die gar nicht verdient.

In der Zeit sah ich auch die ersten schwarzen Soldaten. Eine Freundin und ich hatten uns eine Laubhütte gebaut. Das war ein richtiges Häuschen geworden. Und wir hatten noch ein Fensterchen freigelassen. Auf einmal höre ich Stimmen. Wir gucken da aus dem Fenster, so ganz vorsichtig, und sehen zwei Schwarze auf unser Haus zukommen. Da haben wir es mit der Angst gekriegt. Und ich habe gedacht, jetzt kommt der Teufel in Person. Doch die kamen nur rein und fragten: »Nice here. Waips?« Ich hab nur »Waips« verstanden.

Er meinte aber weapons, Waffen. »No, no.« Wir haben uns mit den Händen verständlich gemacht. Und dann hat er gesagt: »It's nice here.« Und dann gingen sie wieder. So hatten wir uns die Schwarzen nicht vorgestellt. Da wurde also dieses Bild mal endlich ausgelöscht, dass der Schwarze ein böser Mann ist, nicht?

Ein paar Tage später standen zwei amerikanische Panzer auf dem Platz. Dann fuhren sie ab, Richtung Westen, und die Briten kamen.

Plötzlich waren britische Panzer da und britische Militärfahrzeuge. Ich sah zum ersten Mal Soldaten in Röcken. Das waren schottische Soldaten in Nationaltracht. Kalbe war für sie nur eine Zwischenstation. Der Zivilbevölkerung schenkten sie keine Aufmerksamkeit.

Die Naziführer vermischten sich mit der Bevölkerung und verschwanden mehr oder weniger. Es gab zu dem Zeitpunkt keine Regierung mehr. Lebensmittel waren zunehmend schwer zu bekommen. Die regulären Vorräte waren bereits erschöpft, ehe die Alliierten ankamen. Man musste »Beziehungen« haben, um das Notwendige zu ergattern. Wir hatten mehr Glück als andere, weil mein Bruder für einen Bauern arbeitete, der ihm Milch und andere landwirtschaftliche Erzeugnisse mitgab. Letztlich war die ganze Wirtschaft zusammengebrochen zu einem Tauschhandel. Es kann sein, dass Jürgen auch bei anderen Bauern half und im Gegenzug dafür mehr Nahrungsmittel bekam.

Hunger wurde schon bald ein zunehmendes Problem, vor allem für die Flüchtlinge, die in Unterkünften in den großen Städten hausten. Dort waren sie vollkommen von anderen abhängig, um etwas zu essen zu bekommen. Es gab einfach nicht genug Lebensmittel. Wir hatten Glück in dem Sinne, dass wir von einer landwirtschaftlichen Region in die nächste gezogen waren.

Deutschland unterzeichnete die Kapitulation Anfang Mai, was offiziell das Ende des Krieges in Europa bedeutete. Und damit machte sich große Erleichterung breit.

Natürlich war für uns in Kalbe der Krieg schon ein paar Wochen früher zu Ende. In der folgenden Zeit des Chaos übernahmen Gruppen von Kommunisten die Kontrolle. Die Sowjets wussten, dass Kalbe in ihrer Zone liegen würde; sie planten sorgfältig die kommunistischen Zellen und wer wo die Verwaltung übernehmen würde.

Eines Tages tauchten überall an Laternenmasten und öffentlichen Gebäuden gedruckte Plakate auf, mit der Botschaft, dass die wirklichen Befreier unterwegs seien. Es hieß, dass die sowjetische Befreiungsarmee am nächsten Morgen um 11 Uhr ankommen werde und dass die Bevölkerung sie mit Blumen begrüßen sollte. Niemand hatte so etwas über die Briten oder Amerikaner gesagt. Wir lachten. Wir lachten *tatsächlich* darüber, sogar damals. Es war derart lächerlich. Wer würde sie mit Blumen begrüßen? Ich meine, der Krieg war vorbei. Wir waren enttäuscht, dass die Briten nicht geblieben waren, zumal jeder wusste, was für einen Ruf die Russen hatten.

Der Krieg der Russen mit Deutschland war sehr brutal gewesen; sie waren mit Vergewaltigungen und Plünderungen in Deutschland einmarschiert. Dies war wohl bekannt – Propagandaminister Joseph Goebbels hatte es immer wieder an die Wand gemalt –, und es sorgte für die Motivation der deutschen Truppen, entschlossen gegen die Russen zu kämpfen. Natürlich taten die Russen den Deutschen nur das an, was die Deutschen ihnen selbst angetan hatten, aber das war in Deutschland nicht allgemein bekannt.

Als die Russen ankamen, lief ich raus, aber nicht mit Blumen; ich ging nur raus, um mich mal umzusehen. Und was ich sah, war ein völlig heruntergekommener Haufen von Soldaten. Ich konnte nicht fassen, dass das die sowjetische Besatzungsmacht sein sollte. Ihre Uniformen und Stiefel waren schmutzig. Sie hatten Wagen, die von Pferden gezogen wurden. Verglichen mit den Amerikanern und den Briten, bei denen alles geschniegelt und gebügelt aussah, kamen sie wie aus dem Mittelalter. Der Unterschied zwischen den Truppen war unglaublich drastisch. Trotzdem brachten einige Einwohner Blumen.

Die Russen wohnten vermutlich in Barracken, die vorher von den Deutschen genutzt worden waren. Wir hörten, dass sie nicht mal wussten, was fließend Wasser war. In jener Zeit hatten die meisten Orte in Russland noch keine modernen Wasserleitungen.

Wir waren jetzt offiziell in der Sowjetzone.

Gisela erinnert sich im Rückblick auf jene chaotischen Tage daran, was für eine starke Frau unsere Mutter war:

Nach dem Krieg hatten wir noch Geld. Und zwar reichlich. Wir waren noch in Kalbe, und da wurde Flüchtlingsgeld verteilt und Mutter hat das abgelehnt. Sie fand: »Wir sind in der glücklichen Lage, dass wir noch genug Geld besitzen. Geben Sie es einem, der es wirklich braucht.« Später hat sie dann eine Lore auf dem Amt beantragt, um unseren Besitz von dem Bauern Bahrs in Kalbe, Lebensmittel, Silber und sogar einen Ballen Seide aus Frankreich und, ich weiß nicht was sonst noch, nach Berlin zurückzubringen. Da kam also all das rein, was man nicht im Zug mitnehmen konnte. Der Beamte antwortete: »Das ist eine gute Idee, aber in der heutigen Zeit nicht machbar. Wir brauchen die Lore für Wichtigeres.« Aber dann schob er nach: »Andererseits haben Sie uns mal Geld gegeben für die Schwächsten der Schwachen. Jetzt können wir das zurückgeben. Sie kriegen ihre Lore.«

Die Lore mit unseren Sachen wurde an einen Zug nach Berlin angehängt. Wir wussten aber nicht, ob der auch ankommt. Wie lange wir auf Nachricht warteten, kann ich heute nicht mehr sagen, aber wir haben lange darauf gewartet. Mutter meinte nur: »Naja, auf der anderen Seite: Es war ein Versuch, die Sachen nach Berlin zu bringen. Wir haben so viel verloren.«

Doch eines Tages kam ein Anruf. »Wir haben eine Lore für Sie, die ist hier auf dem Güterbahnhof in Spandau angekommen.« Unsere Mutter ist nach Gatow gegangen, da kannte sie einen Bauern, der ein großes Gefährt hatte. Den hat sie mit gutem Geld bestochen. Dann hat der Mann das abgeholt. Und als er die Lebensmittel sah – einen ganzen Sack Kartoffeln, einen Sack Reis, mehrere Tüten mit Mehl und was nicht alles … ihr Eingemachtes auch noch. Da hat er nur geguckt und dann gesagt: »Soll ich Ihnen mal was sagen, liebe Frau? Das ist zu wenig, was Sie mir geboten haben. Da müssen Sie schon ein bisschen was drauflegen, sonst fahr' ich die Fuhre nicht!« Und Mutter dachte sich, »Geld nimmt er ja jetzt wahrscheinlich nicht mehr« und hat den Ballen Seide angeboten. »Das kommt aus Frankreich, eine ganz reine Seide. Da können Sie Ihrer Frau oder Ihren Töchtern fünf Abendkleider draus machen.« Das hat ihn dann überzeugt.

Mutter ist wirklich schlau gewesen. Also handeln konnte sie. Und sagte, dass sie sowieso keine Verwendung mehr für die Seide hatte. So haben wir alles nach Hause gekriegt. Das war unser ganz großes Plus im ersten Jahr nach dem Krieg.

Es gibt so viele Geschichten, an die ich mich erinnere. Jürgen und Mutter kamen von Kalbe und wollten nach Hause. Aber ihr Zug hielt an, als sie in den amerikanischen Sektor kamen, abends um zehn war Sperrstunde. Und Mutter hatte Durchfall. Kannst du dir das vorstellen? Die saß da auf ihrer Bank. Und sie sagte: »Jürgen, ich kann nicht aufstehen. Wenn ich jetzt aufstehe, geht alles in die Hose. Ich habe doch kein frisches Zeug mit. Was soll das werden?«

Da sind sie also hintenrum aus dem Zug und über die Gleise gelaufen, weil sie über die Gleise hinweg ein Haus gesehen haben, hell erleuchtet. Sie stellten fest, dass es ein amerikanischer NAAFI-Club war. Die gab es ja überall für die Alliierten, so eine Art Freizeitclub. Und da gingen sie rein, weil die Türen offen waren. Niemand war da. Mutter rief »Hello? Hello?« Und da kam ein Soldat die Treppe runter, unbewaffnet, einfach so. Dass der erstaunt war, kann man sich ja vorstellen.

Mutter stand da völlig verdreckt und gestützt von Jürgen. Und dann hat der die Situation ziemlich schnell erkannt und gesagt: »A moment, please« und kam mit einem Stapel Handtüchern zurück, hat Mutter ins Bad geführt. Mutter hat sich dann ihre Wäsche wieder nass angezogen. Das war ja egal. Hauptsache, es war etwas sauberer geworden. Und sie sagte, es war furchtbar. Später brachte der Soldat ein großes Tablett mit Tee. Er sagte: »Come with me« und hat ihnen sein Zimmer für die Nacht überlassen. »Sie können hier schlafen. Aber um fünf Uhr klopfe ich an die Tür, dann müssen Sie gehen, weil andere kommen.«

Was der gemacht hat, war überhaupt nicht erlaubt. Morgens hat er ihnen schnell noch Tee gemacht. Und dann waren sie wieder draußen. Die wären sonst erschossen worden, die beiden! Mutter sagte: »Ich habe später so viele Stellen angeschrieben, ob man diesen Soldaten noch ausfindig machen kann. Ich hätte mich so gerne noch bedankt.«

Nachdem mein Vater dafür gesorgt hatte, dass wir Bottschow verlassen konnten, ging er im Januar 1945 wieder nach Berlin

NSDAP-Mitgliedskarte meines Vaters.

und zurück an den Flughafen Tempelhof, wo er vor dem Krieg für die Lufthansa gearbeitet hatte. Er war dafür zuständig, dass die Flüge starten und landen konnten, Militärflugzeuge, keine Passagiermaschinen. Indem es auf das Kriegsende zuging, waren viele hochrangige Nazis auf der Flucht. Viele haben das nicht gewusst, dass die nach Westen wollten, in die Alpenregion oder nach Bayern oder irgendwo anders hin, wie Südamerika.

Dann ging die Schlacht um Berlin los. Mein Vater war dabei. Die deutschen Vorbereitungen begannen im März 1945, und die Schlacht dauerte etwa zwei Wochen. Es ging Straße für Straße, und es war brutal. Bald war klar, dass Tempelhof verloren war; der Kommandant des Flughafens Tempelhof nahm sich wie viele andere das Leben. Offenbar war er ein ziemlich hochrangiger Nazi gewesen. Mein Vater musste zwangsweise das Amt übernehmen und übergab den Flughafen an die Russen. Die Geschichte war ziemlich kurz und unspektakulär. Mein Vater sagte zu den Russen: »Ich vertrete Lufthansa. Ich bin Luftfahrtingenieur«, was sie bereits wussten. Das war in Ordnung für sie.

Übrigens waren die sowjetischen Offiziere – anders als die niederen Ränge – größtenteils gebildeter als viele amerikanische

Offiziere und hatten bessere Manieren. Die meisten sprachen ziemlich gut Deutsch. Und wenn sie Häuser besetzten, benahmen sie sich relativ umsichtig.

Sie brachten meinen Vater in einer Villa unter und fragten: »Wollen Sie für uns arbeiten? Wir brauchen die Kenntnisse deutscher Luftfahrtingenieure.« Sie erklärten: »Berlin ist zerstört, Deutschland ist am Ende. Wir werden Sie und ihre Familie nach Moskau holen. Sie bekommen eine schöne Wohnung. Und Sie arbeiten für uns.«

Natürlich wussten sie, dass die Amerikaner auch viele Luftfahrtingenieure übernommen hatten. Also wollten sie nun ihren Teil.

Mein Vater weigerte sich. Er wollte nicht für die Sowjets arbeiten. Stattdessen kam er in Kriegsgefangenschaft.

Noch heute fragen sich die Historiker, was ganz »normale« Deutsche dazu brachte, in die NSDAP einzutreten und ihr treu zu bleiben, noch nachdem alles verloren war. Hier ist das, was ich von meinem eigenen Vater weiß. Er wurde 1932 Parteimitglied, also kurz vor Hitlers Machtergreifung. Vor einigen Jahren konnten wir in den Nazi-Archiven in Berlin eine Kopie seiner Mitgliedskarte bekommen. Sie zeigt die Nummer 866919. Alle Mitgliedskarten waren durchnummeriert. Er hatte schon eine hohe Zahl, aber im Laufe der Zeit kamen noch Millionen weitere Mitglieder dazu.

Ich glaube, er trat hauptsächlich aus Karrieregründen in die Partei ein, aber politisch war er vermutlich naiv. Er war mit Hitler zufrieden, der den Leuten im Grunde sagte, sie sollten den Versailler Vertrag ignorieren, Deutschland werde wieder Flugzeuge produzieren, Passagierflugzeuge und bald auch Militärflugzeuge. Lufthansa hatte Geld verloren, aber Hitler pumpte massiv Gelder in die Luftfahrtindustrie und damit in die Lufthansa.

Mutter erzählte später Gisela, dass Vater zum Teil zur Parteimitgliedschaft gezwungen wurde:

Wie ich von Mutter gehört habe, wollte er nicht beitreten, noch nicht. Aber wer in leitender Stellung bei der Lufthansa war, der konnte nur dort bleiben, wenn er das Parteibuch in der Tasche hatte.

Vielleicht stand er unter dem Einfluss von Erhard Milch. Das war ein ganz großer Nazi, ein Staatssekretär und Generalinspekteur der Luftwaffe. Und außerdem ein guter Freund, Vater tat, was er sagte. Der hat ihm auch den Posten bei Lufthansa verschafft. Wahrscheinlich hat er dann Druck gemacht. Wenn er den Posten haben will..., das kann schon sein.

Nach dem Krieg hat Milch in Werl gesessen, im Gefängnis bei den Engländern, vier Jahre. Dann wurde er freigelassen. Und da stand schon ein Mercedes mit Schlüssel vor der Tür und ein Scheck lag dabei für die Anfangszeit. Der hatte immer noch seine Freunde irgendwo! Noch lange nach dem Krieg gab es solche Mauscheleien.

Es gab also damals wohl praktische Gründe für Vater, in die Partei einzutreten, es könnte seiner Karriere förderlich sein. »Deutschland, Deutschland über alles« hieß es doch im Lied. Da gehörte die Lufthansa auch mit dazu. Man will mit anderen Ländern mithalten können, in der Technik, im Kaufmännischen, in allen Bereichen standen doch Tür und Tor offen. Aber du musstest der Partei angehören, sonst wurdest du gleich abserviert.

Mein Vater glaubte auch wie so viele andere, dass Hitler der Mann sei, der für Deutschland einstehen würde. Er beschrieb den Versailler Vertrag oft als eine »Demütigung« des deutschen Volkes. Dem Vertrag zufolge musste Deutschland außer der Entmilitarisierung einige Gebiete abtreten und »volle Verantwortung für den Ausbruch des Krieges« übernehmen. Heute sind sich die Historiker darüber einig, dass Versailles ein schlechter Vertrag war, der den Nazis dazu verhalf, 1933 an die Macht zu kommen. Dieser Fehler wurde nach dem Zweiten Weltkrieg nicht wieder gemacht. Vom Beginn seiner Machtübernahme an arbeitete Hitler an einer weitreichenden Wiederbewaffnung. Im

März 1936 remilitarisierte er das Rheinland, während die Westmächte nichts dagegen unternahmen.

Also glaubte die Bevölkerung damals, und mein Vater auch, dass Hitler der Mann war, der Deutschland wieder zurück auf den richtigen Weg bringen würde. Das Land begann sich auch allmählich wirtschaftlich zu erholen. Es gab Vollbeschäftigung, eine bessere Infrastruktur, den Autobahnbau. Und Lufthansa wurde eine wichtige Fluglinie. Das passte alles für meinen Vater gut, für seinen Job und seine Karriere.

Mein Vater war ein stolzer Deutscher; seine Einstellung zum Regime war grundsätzlich positiv und pragmatisch. Dennoch war er auch nur einer von Millionen Deutschen, die das Gefühl hatten, Hitler vertrete die vorherrschende Ansicht über den Versailler Vertrag. Er wurde nie ein Nazi-Boss; er war ein gewöhnliches Parteimitglied. Jeder konnte der NSDAP beitreten. Entschuldigt ihn das? Nein, natürlich nicht.

Als mein Vater das Angebot der Sowjets ablehnte, schickten sie ihn erst in das ehemalige Konzentrationslager Buchenwald. Die Insassen waren befreit worden. Nun wurden dort deutsche Kriegsgefangene untergebracht. Obwohl er Offizier gewesen war – nach der Genfer Konvention durften Offiziere nicht zur Arbeit gezwungen werden –, arbeitete er freiwillig. Man setzte ihn in der Nachtschicht ein zur Beerdigung von anderen Kriegsgefangenen, die an Krankheit oder Unterernährung verstorben waren.

Nach einigen Monaten schickten sie ihn nach Russland, aber das erfuhren wir erst später. Zwei Jahre lang wussten wir nicht, ob er überhaupt noch am Leben war. Dann kam die erste Postkarte. Das war ziemlich aufregend. Offenbar durften die Kriegsgefangenen eine Postkarte im Monat schreiben. Ich weiß nicht, warum es so lange dauerte, bis wir eine Postkarte erhielten, aber vielleicht hatte es mit dem Versand zu tun. Schließlich war ja alles kaputt. Vielleicht hatte er uns zehn Karten geschrieben und keine davon war angekommen. Aber mit dieser ersten Karte wussten wir nun immerhin, dass er am Leben war.

Postkarte von meinem Vater aus Sibirien, 1947 (Vorder- und Rückseite).

In diesen Karten stand nicht viel. Meine Mutter durfte auch eine Karte pro Monat schreiben, und wir Kinder durften auch schreiben. Für mich war es schwierig, etwas Sinnvolles zu schreiben, er war so weit weg von unserem Leben. Es gab lange Pausen zwischen den Karten. Fünf, sechs Monate vergingen, in denen wir nichts hörten. Dann kam eine Postkarte an aus einem anderen Lager. Ich glaube, es gab in den fünf Jahren, in denen er in Russland war, insgesamt vielleicht dreißig oder vierzig Karten.

Ich kann mich noch erinnern, dass einmal zwei Männer zu uns kamen. Das muss 1947 oder 1948 gewesen sein. Sie sagten, sie wären mit meinem Vater zusammen in Gefangenschaft in Sibirien gewesen und könnten ihm Nahrungsmittel und Vorräte zukommen lassen. Auch wenn wir selber ja mit allem knapp waren, gab ihnen meine Mutter so viel wie möglich mit. Später fanden wir dann heraus, dass das alles Schwindelei war. Sie waren Betrüger, »Vertrauensmänner«, die die Frauen, die zu Hause saßen und auf die Rückkehr ihrer Männer warteten, ausnahmen. Das war leider typisch für jene Zeit.

Kriegsende

Wir waren noch in Kalbe, als wir aus der Zeitung erfuhren, dass Berlin in vier Sektoren aufgeteilt worden war und unser Haus im britischen Sektor lag. Also wollten wir verständlicherweise zurück nach Berlin. Heute fährt man von Kalbe nach Berlin in weniger als zwei Stunden. 1945 brauchten wir dafür quasi einen ganzen Tag. Es gab eine Zugverbindung, aber die verkehrte nur unregelmäßig. Die Züge waren überfüllt und das Zugfahren muss sehr schwierig gewesen sein. Ich kann mich noch an die Menschenmengen erinnern.

Als wir nach Hause kamen, fanden wir unser Haus voll bewohnt vor. Berlin war zerbombt, und die Menschen zogen überall hin, wo sie nur Platz finden konnten. Die Stadt war unter militärischer Besatzung, und diejenigen, die alles verloren hatten, bekamen bei der Wohnungsbeschaffung Priorität. Dabei wurden Anti-Nazis bevorzugt, und unser Haus war von mehreren Anti-Nazi-Familien übernommen worden. Auch wenn ich mich nicht an Einzelheiten erinnern kann, bin ich sicher, dass es einige wenig erfreuliche Auseinandersetzungen zwischen meiner Mutter und den Leuten gab, die in unserem Haus wohnten.

Ein naher Freund der Familie, den ich unter dem Namen Onkel Hugo kannte, kam uns zu Hilfe. Wir sahen ihn nicht allzu oft, aber nach dem Krieg war er immer da, wenn es drauf ankam. Onkel Hugo wusste irgendwie instinktiv, wann wir hin und wieder seine Hilfe brauchten. Er hatte einen ausgezeichneten Ruf, weil er selbst ein Nazi-Gegner war; jeder wusste das. Im Krieg kam er damit durch, weil er ein Veteran war, der im Ersten Weltkrieg beide Beine verloren hatte. Auch die Nazis ließen sich mit ihm nicht ein.

Ich sollte erwähnen, dass Onkel Hugo eigentlich kein Onkel, sondern ein enger Freund unserer Eltern war. Sein richtiger

Name war Hugo Thienhaus. Er war Immobilienentwickler, und als wir nach Berlin zurückkamen, erhielt er schon Aufträge, um die Stadt aus dem Schutt wiederaufzubauen. Tatsächlich wurde er einer der größten privaten Bauherren in Berlin. Er hatte Geld und half uns finanziell aus, so gut er konnte. Er war auch behilflich bei unserm Einzug in unser Haus. Ich weiß nicht, wie er das hinbekam, aber er brachte die Hausbesetzer dazu, Platz für uns zu machen. Vielleicht machte man deshalb eine Ausnahme, weil mein Vater in Kriegsgefangenschaft war und seine Frau jetzt, als Mutter mit drei Kindern, allein dastand.

Gisela erinnert sich, wie Onkel Hugo unserer Mutter immer wieder mal sagte: »Hätte ich meine Frau nicht kennengelernt, hätte ich mich für dich entschieden.« Vielleicht sagte er das im Spaß, aber meine Schwester fand auch, dass er für unsere Mutter eine große Hilfe war:

Sie mochten sich halt sehr gerne. Und er hat sie wenigstens während der Zeit nicht im Stich gelassen. Wenn er gefragt wurde, war er sofort hilfsbereit.

Er war der größte Hitler-Gegner, den wir in der Familie hatten. Immer wenn die Erwachsenen zusammensaßen, hat er gesagt: »Ihr wisst ja gar nicht, was ihr tut.« Er wusste mehr von den Hintergründen. Er hat sicherlich auch »Mein Kampf« ganz richtig durchgelesen. Also, der wusste viel mehr. Aber das wollten die anderen nicht hören, weder der Onkel Kranz, also mein Patenonkel, der ein fanatischer Nazi war, noch mein Vater.

Trotz allem blieben sie Freunde, obwohl sie so unterschiedliche politische Ansichten hatten. Es waren eben drei intelligente Leute, die sich auch anders unterhalten konnten. Die ließen das Politische raus.

Onkel Hugo war unglaublich wichtig für mich, Zeit meines Lebens. Er war als Mentor viel wertvoller für mich als meine Eltern. Nicht nur, dass er uns in den schwierigen Jahren nach dem Krieg half, sondern ich konnte auch zu ihm aufschauen, weil er den Nazi-Fluch erkannt und gemieden hatte.

Der Winter 1945 war sehr schwer. Fast schlimmer als alles, was wir während des Kriegs erlebt hatten – falls irgendetwas schlimmer als Krieg sein kann. Das deutsche Volk war vollkommen demoralisiert. Allein in Berlin verhungerten oder erfroren Tausende von Menschen. Unser Haus hatte Zentralheizung: Das Heizmaterial war Kohle oder Koks. Wir hatten also einen Kohlenkeller mit einem Heizboiler. Aber wir konnten es uns nicht leisten, die Zentralheizung zu benutzen, weil es nicht genug Kohle gab; stattdessen benutzten wir einen Ofen im Wohnzimmer. Wir setzten uns immer alle zusammen um den Ofen, um es warm zu haben. So ging es in jedem Haushalt – alle hatten ihre eigene kleine Wärmeecke.

Ich hatte ständig Hunger und ging jeden Abend hungrig zu Bett. Mein Bruder fuhr manchmal mit dem Zug aufs Land; er nahm Silber mit oder was sonst noch im Haus übrig war. Alle machten das so. Die Städter handelten mit den Bauern, um zu kriegen, was sie kriegen konnten – ein Huhn oder Eier, egal was. Die Bauern besaßen plötzlich alle Perserteppiche, die früher in der Stadt lagen; die Städter hatten nichts mehr.

Wir bekamen auch Bezugsscheine, andere als die während des Krieges. Unter der Oberaufsicht der Briten war alles anders. Die Rationen waren jetzt beträchtlich kleiner. Man bekam eine Karte für den ganzen Monat, und die Zuteilung reichte nicht aus, um einen satt zu machen oder auch nur so weit zu bringen, dass man keinen Hunger mehr spürte. Alles basierte auf dem Notwendigsten. Am ersten Tag einer Zehn-Tages-Periode ging mein Bruder manchmal los, holte sich seine Rationen für die ganze Zeit und aß alles sofort auf. Meine Mutter weinte heiße Tränen. »Was sollen wir mit diesem armen Jungen jetzt in den nächsten neun Tagen tun? Er hat schon alles aufgegessen.« Wie er es durch die folgenden Tage schaffte, weiß ich nicht, aber er fand dann doch immer wieder etwas zu essen. Er ging aus eigenem Antrieb los aufs Land und trieb etwas auf.

Jürgen war siebzehn Jahre alt und wuchs noch immer. Manchmal schnappte er mir auch etwas von meinem Essen weg, was meine Mutter wütend machte. Und ich wurde auch wütend.

Es gab Zeiten, da gerieten er und ich in Prügeleien. Auch wenn er viel stärker war als ich, war ich meist derjenige, der mit dem Streit anfing und verlor. Ich holte mir eine blutige Nase, und meine Mutter schrie uns an, wir sollten aufhören.

Mein Bruder versuchte, sich verantwortlich zu verhalten, aber wenn er Hunger hatte, war er außer sich. Er stand früher auf als wir alle, und was immer in der Speisekammer war, konnte er in Minuten verschlingen. Oft war schon, wenn ich aufstand, nichts mehr zum Frühstück übrig. Natürlich war er dann meistens schon in der Schule, ehe ich merkte, was passiert war.

Wenn er da war und ich mich beschwerte, sagte er nur: »Na und? Was willst du machen? Ich habe Hunger, also esse ich.« Meine Schwester kam auch zu kurz. Ich glaube, wir arrangierten uns, weil wir meinten, Jürgen brauche mehr zu essen als wir.

Auch Gisela kann sich noch lebhaft erinnern, wie wir hungern mussten:

Einmal fuhr Mutter zu Verwandten und hat uns für eine Woche allein gelassen. Und nur Angst um uns gehabt. Das Wichtigste für uns waren Brot und Butter, oder, besser: Fett. Die Butter hat sie so in Streifchen geschnitten und dann sieben Kerben gemacht. Jeder kriegte sein bisschen und dann das Brot dazu. Natürlich waren wir in der ersten Zeit heißhungrig und haben dann nicht so an die Kerben gedacht, dass das nur für einen Tag ist. Wir waren am Mittwoch schon fertig, Jürgen und ich. Aber du kamst mit deinen ganzen Vorräten plötzlich an und sagtest: »So, ich kann jetzt richtig leben.« Wir waren überrascht, dass du noch alles hattest. Du konntest dir jetzt vor unseren Augen dick Butter auf's Brot schmieren. Wir hätten dich am liebsten umgebracht...

Auch ging Mutter an den Feldern lang und schnitt Melde ab. Das ist so ein Unkrautgewächs mit etwas mehligen Blättern. Schmeckt wunderbar, besser als Spinat. Sie hatte gehört, man könne mit Hefe, wenn man die auflöst, mit ein bisschen Milch,

Salz und Majoran eine Paste machen, die wie Leberwurst schmeckt. Wie oft haben wir die auf dem Brot gehabt. Sie hat uns mit der Hefepaste die Brote belegt.

Jürgen hatte einen unersättlichen Appetit. Bei meiner Konfirmation 1947, da lag auf meinem Gabentisch ein Laib Brot, ein Geschenk von Onkel Hugo, und Jürgen rief mich raus von den Gästen. »Ich hab so einen Hunger. Ich besorge es wieder auf dem Schwarzmarkt. Morgen kann ich es dir wieder kaufen. Ich kriege ja vom Theater noch Geld. Deswegen kann ich dir das morgen kaufen, aber gib mir das heute.« Und ich habe gedacht: »Naja, das kriegt ja keiner mit.« Ich wollte es auch noch nicht angreifen. Es war mir irgendwie zu schade.

Aber er ging los und hat sich in die Küche gesetzt, hat sich einen großen Siruptopf dazu genommen, denn wir hatten unten in der Waschküche Sirup gekocht. Und dann hat er schön in sich reingelöffelt. Schließlich hat er alles fein sauber gemacht und kam dann zu den Gästen ins Wohnzimmer. »Ach«, sagte Onkel Hugo, »ich dachte schon, dich kriegen wir nicht mehr zu sehen.« Jürgen hat nicht gesagt, ich habe inzwischen dein Brot aufgegessen, sondern: »Doch, doch, ich wollte nochmal gucken.« Und da sagte Onkel Hugo: »Sage mal, so ein Brot, das ich der Gisela geschenkt habe. Könntest du das hintereinander aufessen?« »Och ja«, antwortete Jürgen, »wenn das alles ist?« Und darauf Onkel Hugo: »Dann komm hierher und iss vor meinen Augen das Brot. Und wenn du das aufkriegst, dann schenke ich dir auch eins, und Gisela kriegt natürlich auch ein neues.«

Nun wusste er nicht was tun. Er ist rausgegangen, ist nebenan zu Frau Prediger, das war eine Nachbarin, die handelte mit Schwarzmarktpreisen und die hatte immer Brot – das übliche Einheitsbrot. Es gab nur eine Sorte Kastenbrot, und da hat er sich so eins geholt. Es war nicht aufgefallen, dass es ein anderes war. Er ist dann mit dem Brett und dem Siruptopf gekommen und hat immer dünn Sirup draufgetan und weggegessen und weggegessen. Über die Hälfte war schon weg. Über die Hälfte. Dann blieben vielleicht noch so fünf oder sechs Scheiben, da ging es sehr langsam beim Jürgen.

Da sagte Onkel Hugo: »Naja, dann wollen wir mal ehrlich sein. So ein Brot ist ja auch viel. Wollen wir dir den Rest erlassen?« Und da sagte er zu Onkel Hugo: »Frage die Gisela. Das ist ja schon mein zweites Brot.« Die wussten sich nicht mehr zu halten. Wie man so hungrig sein kann, nicht?

In den Gesprächen, die Marc Rosenwasser mit meiner Frau Mary Ellen führte, erzählte sie ihm andere Geschichten, die sie von meiner Mutter und meinem Bruder über diese Zeit extremer Entbehrungen gehört hatte:

Während des Kriegs und nach Kriegsende war Erika sehr auf Jürgen angewiesen. Sie tat schon, was sie konnte – und versuchte, ihre Familie vor allen Widrigkeiten zu schützen. Aber unter anderen Umständen hätte sie Jürgen nicht in diese Situation gebracht, in der sie völlig auf ihn angewiesen war, um die Familie durchzubringen. Auch wenn er 1,90 groß war, so war er doch noch ein sechzehnjähriger Junge. Und auch wenn er physisch zu vielem fähig war und aufgeweckt und umtriebig, so belastete ihn doch die Verantwortung. Er tat immer sein Bestes, aber er konnte nie stolz auf seine Leistungen sein. Jürgen zufolge war alles so schrecklich, dass er es niemals recht machen konnte. Aber er hat seiner Mutter nie wegen ihrer Abhängigkeit von ihm Vorwürfe gemacht. Sie himmelte ihn an.

Anfang der Sechzigerjahre, als wir umeinander warben, waren Karl und ich ein Jahr lang getrennt. Die Ironie will es, dass er in Amerika und ich in Deutschland war. Damals lernte ich Karls Bruder sehr gut kennen; Jürgen und ich saßen da, tranken Wein und rauchten, und er erzählte mir eine Menge.

Unter anderem sprach Jürgen darüber, wie furchtbar schlecht unmittelbar nach dem Krieg alle dran waren und wie sich Paratyphus und Typhus wie ein Feuer in der Stadt ausbreiteten. Erika und Gisela steckten sich beide an und mussten ins Krankenhaus. Und Karl fuhr auf seinem Fahrrad zum Hausarzt in der Nähe, um eine Impfung zu bekommen. Nach seiner Rückkehr fingen seine Beine an weh zu tun. Er legte sich ins Bett und hatte entsetzliche Schmerzen in den Beinen. Jürgen war zu Hause und holte den Hausarzt zu ihm. Der Arzt schloss Polio aus, aber er wusste nicht, was er tun sollte; er meinte, es sei eine Reaktion auf die Impfung.

Es war nichts zu essen im Haus, und das Wichtigste für Jürgen war, irgendwelche Nahrungsmittel aufzutreiben. Er ging los und brauchte fast einen ganzen Tag. Als er nach Hause kam mit dem, was er an Essen hatte ergattern können, war Karl noch immer oben und weinte vor Schmerzen. Jürgen holte das Essen aus seinem Beutel. Aber er war so ausgehungert, dass er fast verrückt wurde und alles bis auf den letzten Bissen aufaß. Und dann musste er nach oben gehen und Karl sagen, dass er kein Glück gehabt und nichts zu essen mitgebracht habe. Als Jürgen mir das erzählte, hatte er Tränen in den Augen. »Das war einer der schrecklichsten Momente meines ganzen Lebens.« Er konnte seinem Bruder nie sagen, was er getan hatte. Jürgen war ein psychologisch sehr komplizierter Typ, oft unfähig, sich offen zu äußern.

Da der Arzt keine Schmerzmittel hatte, entschied Jürgen, dass er Karl irgendwie ins Krankenhaus bringen musste. Es schneite, und die einzige Straße, die befahrbar war, lag fast einen Kilometer entfernt, und so blieb Jürgen nichts anderes übrig, als Karl bis dahin zu tragen. Man stelle sich das mal vor: Karl war neun Jahre alt, und Jürgen war unterernährt. Aber sie schafften es bis zur Hauptstraße und warteten, ob sich eine Gelegenheit zum Transport ergeben würde. Sie warteten und warteten, aber nichts passierte. Schließlich kam ein Dreirad, eine Art dreirädriges Motorrad, in Sicht; und der Fahrer legte Karl auf den Rücksitz. Doch nach kurzer Fahrt blieb das Fahrzeug im Schnee stecken. Sie schafften es nicht zum Krankenhaus. Jürgen hob Karl wieder hoch und irgendwie gelang es ihm, ihn wieder nach Hause zu bringen.

Jürgen nahm mit seiner Mutter im Krankenhaus Kontakt auf. Sie beschrieb mir später, wie sie es zu Fuß nach Hause schaffte. Erika war so schwach, dass sie sich von einem Baum zum nächsten schleppte. Sie schaffte es bis zu einem Baum, hielt

sich an einem Ast fest, sammelte Kräfte, fasste den nächsten
Baum ins Auge und schaffte es zu dem Baum. Ich weiß nicht, ob
sie so den ganzen Weg vom Krankenhaus zurücklegte oder ob
sie unterwegs irgendeine Transportmöglichkeit fand. Das Kran-
kenhaus war fast fünf Kilometer entfernt. Am Ende wurden alle
wieder gesund.

Im folgenden Frühling und Sommer 1946 verwandelten wir den
ganzen Garten hinter und vor dem Haus in einen reinen Nutz-
garten. Mit dem Saatgut und den Tieren, die wir im Tauschhandel bekamen. Wir bauten Kohl, anderes Gemüse und Kartoffeln
an. Wir hatten auch Obstbäume: Birnen, Äpfel, Pflaumen, Kirschen und Walnüsse. Wir bauten alles an, was wir kriegen konnten.

Wir hatten Kaninchen und auch Hühner. Wir wussten, dass
wir sie schlachten müssten. Unten im Keller zeigte mir Mutter,
wie man das macht. Das war mir nicht gerade angenehm; meine
Mutter nahm ein Huhn und hackte ihm den Kopf ab. Zuerst einmal war es schlimm, weil wir diese Hühner liebten. Wir hatten
ihnen Namen gegeben, und wir wussten genau, wie viele Eier
jedes von ihnen legte. Aber ich erinnere mich auch, dass ich mich
darauf freute, diese Hühner zu essen.

Wir hatten auch einen Hahn, und ab und zu schlüpften Küken aus den Eiern. Eines Tages hatten wir einen ganzen Haufen
süßer kleiner gelber Küken, und dann waren sie alle verschwunden. Sie waren aus dem Gehege weggelaufen, und Elstern und
andere Raubvögel hatten sie sich als Beute geschnappt. Das war
für uns eine Tragödie.

Wie gesagt, der Hunger machte uns am meisten zu schaffen.
Die Kaninchen mussten auch gefüttert werden. Sie hätten Heu
gefressen, aber wir hatten keinen Rasen mehr. Nicht weit von
unserem Haus entfernt waren Felder, die eigentlich Rieselfel-
der waren, die der Stadt gehörten; so war es jedenfalls vor dem
Krieg. Die Abwässer wurden in Kanäle und dann durch diese
Felder geführt; der Geruch war grässlich, auch wenn er allmählich verflog. Zwischen den Kanälen gedieh wunderbar hohes

Zu Hause in Berlin, 1949.

Gras. Aber wir durften nichts von diesem Gras holen, weil es für andere Zwecke gebraucht wurde; britische Soldaten gingen da herum und beschützten die Felder mit ihren Gewehren. Daher ging ich nachts los und holte im Schutz der Dunkelheit Futter für unsere Kaninchen. Manchmal hörte ich Schüsse losgehen. Die Soldaten schossen auf Leute, die vorbeigingen, und deshalb kroch ich auf dem Bauch durch die stinkenden Felder, riss Gras aus und stopfte es in einen Jutesack. Dann kroch ich zurück, als wäre ich bei der Infanterie. Ich hatte wirklich große Angst. Aber es erhöhte den Adrenalinspiegel, und ich war ziemlich verwegen damals. Ich fand es aufregend und wurde nie erwischt.

Aber selbst das Gärtnern war nicht leicht. In unserem Garten gab es Maulwürfe, die die Kartoffeln fraßen, und deshalb mussten wir gegen sie vorgehen. Wir konnten sehen, wie sie unter der Oberfläche den Erdboden bewegten und sich Tunnel gruben. Wir liefen dann ganz schnell barfuß los: wenn die Sonne schien, achteten wir darauf, dass unsere Schatten nicht auf die Maulwurfshügel fielen, weil die Maulwürfe sonst sofort verschwunden wären. In dem Moment, wenn wir einen Maulwurf beim Graben bemerkten, stachen wir mit einem Spaten ein, warfen den Maulwurf heraus und töteten ihn. Während die Maulwürfe die Kartoffeln fraßen, machten sich die Eichhörnchen über die Walnüsse her. Ich schoss mit einem Luftgewehr nach ihnen.

Das waren damals Dinge, die alle anderen auch taten. Im Rückblick wirkt es ziemlich herzlos, aber wenn man hungrig ist, bestimmt das alles. Das Leben war ein Kampf. Aber es gehört zur menschlichen Natur, und sicherlich trifft es auf mich zu, dass man verdrängen möchte, wie hart es eigentlich ist. Und manchmal gab es auch heitere Momente.

Eines Morgens wachte ich auf und hörte lautes Lachen aus dem Schlafzimmer meiner Mutter nebenan. Sie war mit Gisela da und sagte, sie hätten gerade unser Geld gezählt: alles zusammen siebzig Pfennig, nicht einmal eine Mark! Sie fanden das köstlich – Galgenhumor, hinter dem sich die wahre Verzweiflung verbarg.

Während des Sommers, als es in unserem Garten Obst und Gemüse gab, brachten wir diese Waren manchmal zu unserem örtlichen Lebensmittelgeschäft in der Hoffnung, sie für Grundnahrungsmittel wie Mehl oder Zucker einzutauschen. Eines Tages kletterten Gisela und ich in unseren Süßkirschenbaum und pflückten die reifen Kirschen. Dann trug Gisela den vollen Korb ins Geschäft und bot ihn der Ladeninhaberin Frau Dischereit an. Die sah sich die Kirschen an und wollte uns gerade im Tausch dafür etwas geben, als ich mich zu Wort meldete und sagte, »Frau Dischereit, kaufen Sie diese Kirschen nicht, die haben alle Maden!« (Was stimmte.) Ich wünschte, ich könnte mein Dazwischenfunken als ein frühes Zeichen meines ehrlichen Charakters ausgeben, aber ich tat es eigentlich nur, um meine Schwester zu ärgern und sie daran zu hindern, triumphierend zu meiner Mutter zurückzukehren. Kein Wunder, dass Frau Dischereit die Kirschen dann nicht haben wollte.

In jenen düsteren Nachkriegstagen fing meine Mutter an, von zu Hause aus Wollgarn zu verkaufen, damit etwas Geld reinkam. Es gab keine Geschäfte, in denen man Pullover kaufen konnte, und so strickten die Leute, was sie brauchten. Alles musste von vorne angefangen werden, weil es an allem mangelte. Garn war schwer zu bekommen. Glücklicherweise war ihr Schwager Helmut – der ehemalige U-Boot-Kapitän aus Leipzig – jetzt in Hamburg Geschäftsführer einer Firma, die Wolle importierte. Er versorgte meine Mutter mit Garn, Gott sei Dank, und verlangte von ihr nur einen bescheidenen Betrag.

Die Kunden klingelten an der Haustür. Werbung gab es nicht, alles lief per Mundpropaganda. Meine Mutter war eine hervorragende Verkäuferin. Wir machten Witze darüber, denn als Verkäuferin zu arbeiten, war eigentlich unter ihrem Niveau. Aber sie war sehr charmant; manchmal bot sie den Kunden eine Tasse Tee an. Und ich half ihr und holte die richtige Wolle. Es gab unterschiedliche Größen, Mengen und Farben, auch wenn wir nicht alles vorrätig hatten, was die Leute wollten.

Wir gaben dem Unternehmen einen wohlklingenden Namen, die Preußische Wollmanufaktur, worüber wir uns kaputt lachten. Ich fand das ganze Unterfangen toll, vor allem, weil ich meine Mutter in Aktion sehen konnte. Wie schon gesagt, sie war ausgesprochen geschäftstüchtig. Sie stammte aus einer Familie geschickter Unternehmer. Sie wusste, wie man etwas verkauft. Später, als es wieder mehr Waren gab und Geschäfte mit gefertigten Waren aufmachten, konnten solche Heimbetriebe nicht mehr überleben, obwohl der Abstecher meiner Mutter in die Geschäftswelt aus anderen Gründen endete.

Gisela zufolge hatte unsere Mutter das Wollgeschäft angefangen, nachdem ihre Ersparnisse aufgebraucht waren:

1948 wird das gewesen sein, da hat sie sich vom Gerling-Konzern ihre Lebensrente auszahlen lassen. Davon haben wir gelebt. Und als die verbraucht war, da war sie verdammt knapp. Dann hat sie angefangen, erst mal in kleinen Mengen Wolle zu verkaufen. Ich bin nach der Schule zur Klinik Buttermann in Spandau gegangen und habe den Kunden die Wolle gebracht. Dann, als die Bestellungen immer größer wurden, sagte Onkel Helmut: »Du müsstest die Handelsprüfung machen, die Ge-

werbeprüfung.« Da ist Mutter zur Innung gegangen, und als sie nach Hause kam, hieß es: »Nächsten Sonnabend habe ich Gewerbeprüfung. In dieser Woche habe ich keine Zeit für euch, nur in allernötigsten Fällen. Ich mach euch das Essen, aber lasst mich möglichst in Ruhe. Ich muss arbeiten.«

Nun hatte sie ja Gott sei Dank Buchhaltung gelernt. Aber in der Prüfung ging es um Wolle, die ganzen Sorten Wolle, wo sie herkommen und wie sie produziert werden. Sie machte also die Prüfung, und als sie nach Hause kam, zeigte sie uns jubelnd den Gewerbeprüfungsausweis. Nun durfte sie jede Menge Wolle bestellen. Als das richtig schön lief, richteten wir im Kinderzimmer eine Wollstube ein. Sie strickte gar nicht selber. Wenn die Leute fragten, ja wie mach ich das denn mit der Mütze, dann hat Mutter immer gesagt: »Ich schreib es auf. Wo wohnen Sie? Dann kommt meine Tochter bei Ihnen vorbei, die zeigt Ihnen das.« Ich strickte damals schon wie ein Weltmeister.

Uns ging es richtig knackig gut. Als mein Vater aus Sibirien nach Hause kam, hat er das sofort unterbunden. »Meine Frau braucht nicht zu arbeiten.« Aber Mutter hat daraufhin gesagt: »Lass das mal noch so vorläufig, bis wir wissen, was du verdienst. Dann können wir immer noch...« »Nein«, sagte er, »das dulde ich nicht.« Von Anfang an. Die Mutter hat das sofort stoppen müssen! Onkel Helmut hat das auch nicht verstanden. Niemand hat das verstanden. Aber Mutter musste es machen. Vater war sehr autoritär.

In der Zwischenzeit hatte ich mein eigenes Unternehmen gegründet. Nach dem Krieg, als ich neun Jahre alt war, gründete ich eine Zeitung und nannte sie die *Berliner Kinderzeitung*. Die erste Ausgabe kam am 26. Mai 1946 heraus. Ich richtete mich im Layout nach dem *Tagesspiegel*, den wir zu Hause bekamen. Anfangs schrieb ich alles mit der Hand, alle vier Seiten. Ich fügte sogar eine Verlagsanschrift hinzu. Es war alles sehr offiziell.

Ich verbrachte jeden Tag ein bis zwei Stunden damit. Ich schrieb die Artikel anfänglich nicht selbst. Ich kopierte aus anderen Quellen, was ich interessant fand, aus Büchern und Zeitungen. Ich hatte eine separate Seite für Erwachsene und nannte sie »Für die Erwachsenen«. Ich habe noch heute fast die gesamte Sammlung aller Zeitungen, die ich geschrieben habe.

Ich stellte jeweils nur ein Exemplar her. Wenn meine Familie es gelesen hatte, schickte ich es Onkel Hugo, der regelmäßig Beiträge für die »Briefe an den Herausgeber« lieferte, und er schickte es weiter an andere »Onkel« – echte Onkel – und an meine Tanten in Westdeutschland. Wie konnten sie dies einem neun- oder zehnjährigen Kind verweigern? Meistens schickten sie mir etwas mehr als das Abonnement kostete. Anfangs ging die Zeitung nur an vier oder fünf Leute. Natürlich mussten mein Bruder und meine Schwester sie lesen. Und meine Mutter. In der zweiten Ausgabe hatte ich eine kleine Ecke, wo man sein Abonnement verlängern konnte. Man musste mit dem eigenen Namen unterschreiben und die Anschrift angeben. Und das Geburtsdatum!

Im Laufe der Zeit fing ich an, eigene Sachen zu schreiben und die Seiten zu gestalten. Der Name der Zeitung wurde geändert in *Die Mücke*. Ich ging damals ins Kant-Gymnasium, dessen Schulzeitung *Die Hornisse* hieß. Ich fand, dass meine Zeitung einen bescheideneren Namen haben sollte. Ich betrieb das fünf Jahre lang, und dies nahm einen großen Teil meiner Freizeit in Anspruch.

In den ersten drei Jahren nach dem Krieg wohnten wir weiterhin mit vielen Leuten in unserem Haus. Aber um 1948 blieb dann nur noch eine Familie da, und wir hatten wieder genug Platz für uns. Wir hatten uns mit dieser Familie gut angefreundet; sie mochten uns Kinder. Schließlich begannen sie, uns Miete zu zahlen. In dem anderen kleinen Haus auf dem Grundstück war noch eine Familie, die auch Miete zahlte.

Allmählich wurde alles wieder normal; die Dinge besserten sich 1947, Anfang 1948. Es war, als gäbe es jeden Tag ein paar gute Nachrichten. Plötzlich gab es zum Beispiel Eis, zumindest manchmal. Die Schulen bekamen Schulbücher, und man konnte wieder gedruckte Bücher bekommen. Es gab Papier, auf dem man schreiben konnte.

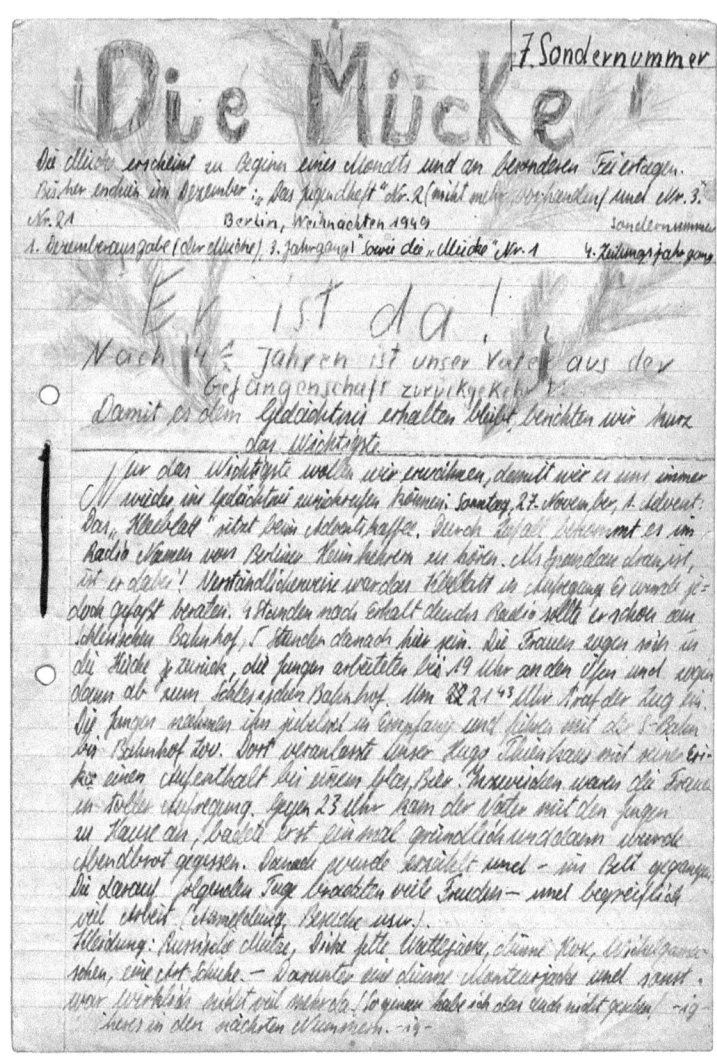

Meine Zeitung, Die Mücke, Ausgabe vom Dezember 1949.

Eine Brücke in der Stadt, die zerstört war, wurde repariert und man konnte wieder über die Brücke gehen oder mit der Straßenbahn darüber fahren, was einem zwanzig Minuten Zeit sparte. Ich las die Zeitung mit den Geschichten über den Fortschritt. Heute weiß ich, die Alliierten steckten hinter diesen Zeitungen. Es war ein Versuch, die Moral der Bevölkerung zu stärken.

Jede Militärmacht hatte einen eigenen lokalen Rundfunksender, und wir konnten alle empfangen: die Briten hatten BFN (British Forces Network), und wir hörten zu, in erster Linie wegen der Musik, aber auch um etwas Englisch zu lernen. AFN (American Forces Network) war auch sehr populär; dann hatten die Franzosen und die Russen jeweils ihren eigenen Sender. Drei Sprachen, in perfekter Klarheit, in jedem Radio. Plus natürlich die deutschen Sender. Der bekannteste in Berlin war RIAS (Radio im Amerikanischen Sektor), den wir auch im britischen Sektor empfangen konnten. Auch wenn hier auf Deutsch gesendet wurde, war es letztlich ein amerikanisch gesponserter Rundfunksender.

Mit der Stimmung ging es also allmählich nach oben. Die Menschen hatten wieder genug zu essen. Niemand wurde davon dick, denn was wir aßen, war gesund, kein *Junk Food*. Rückblickend war das vielleicht gut; Fälle von Diabetes und Übergewicht waren selten.

Dann kam die Berlin-Blockade, und wir steckten in West-Berlin wieder im Schlamassel.

Kalter Krieg

Nach dem Ende des Krieges teilten die Siegermächte Deutschland in vier Besatzungszonen: die sowjetische, amerikanische, britische und französische. Berlin lag mitten in der sowjetischen Zone, aber unter dem Viermächteabkommen von Jalta wurde die Stadt ebenfalls in vier Sektoren geteilt, einer für jede Besatzungsmacht.

Das Viermächteabkommen sorgte dafür, dass die Berliner Bevölkerung keine Reisebeschränkungen zwischen den vier Sektoren hatte. Straßenbahnen, Busse sowie U- und S-Bahnen fuhren ungehindert in der ganzen Stadt. Ich war Fußball-Fan und hatte ein Lieblingsteam, das in der Berlin-Liga spielte. Ich fuhr mit dem Fahrrad zu jedem Spiel, wobei manche Auswärtsspiele in Ost-Berlin stattfanden.

Mit verschiedenen Nahverkehrszügen konnte man auch aus Berlin heraus ins Umland fahren. Die einzigen Einschränkungen waren an den Grenzen zwischen West-Berlin und Ostdeutschland sowie zwischen Ost- und Westdeutschland. Aber der Lebensstandard und das Wiederaufbauprogramm zwischen den drei westlichen Sektoren und dem Sowjet-Sektor unterschieden sich merklich, wobei es in den westlichen Sektoren schneller voranging.

Zwischen den verschiedenen Sektoren unterwegs zu sein, hatte noch andere interessante Aspekte. Weil jeder Sektor viel militärisches Personal in Uniform hatte, wusste man immer, wenn man von dem einem in den anderen kam. Wir hatten in unserem Wohnort viele britische Soldaten. Sie waren ganz normal mit den öffentlichen Verkehrsmitteln unterwegs, oft betrunken und sehr laut. Die Amerikaner fuhren mit ihren eigenen Bussen; ich glaube, ihre Soldaten durften keine öffentlichen Verkehrsmittel nutzen.

Verbrüderung mit der Zivilbevölkerung wurde von den Militärbehörden in keinem der Sektoren angeraten, und wenige Deutsche sprachen damals Englisch. Wir sahen sie als Besatzungsmacht an, aber meistens in einem positiven Sinn; wir akzeptierten die Tatsache, dass wir jetzt unter militärischer Besatzung standen. Die Briten bauten die Stahlwerke und andere Industriebetriebe ab und brachten alles Brauchbare nach England. Die Deutschen hatten den meisten Respekt vor den Amerikanern, weil die keine Industriebetriebe demontierten.

Was den sowjetischen Sektor anging, so war das Militär deutlich sichtbar, meistens waren sie in Militärfahrzeugen unterwegs. Alle ihre Eliteeinheiten waren in Ost-Berlin. Dort zu sein war für sie ein krönender Erfolg. Allerdings wurde immer klarer, dass der Wiederaufbau in West-Berlin schneller vorankam als im Ostteil. Die Russen bauten Einiges zum Vorzeigen wieder auf, aber man konnte sehen, dass die Bevölkerung generell schlechter dran war. Folglich begann das Umsiedeln von Ostdeutschen in den Westen schon zwischen 1945 und 1948.

Was mir so um 1947 auffiel, war der Versuch der westlichen Alliierten, den Lebensstandard in West-Berlin dem in Westdeutschland anzugleichen. Berlin sollte eigentlich vom Alliierten Kontrollrat der vier Besatzungsmächte regiert werden, dessen Aufgabe es war, die ganze Stadt einheitlich zu verwalten. Das klappte wegen der Unnachgiebigkeit der Sowjets immer weniger. Deren Ziel war es, die Westsektoren in ihren eigenen Sektor zu übernehmen; sie sahen die westlichen Sektoren als Eindringlinge in die russische Zone an. West-Berlin war eine Insel des Wohlstands in einem ansonsten ärmlichen ostdeutschen Land.

Westdeutschland war inzwischen die Bundesrepublik Deutschland geworden. Als Reaktion darauf wurde Ostdeutschland die DDR, die Deutsche Demokratische Republik, ein sowjetischer Marionettenstaat.

Ein gravierender Schlag gegen das Viermächteabkommen, unter dem Berlin regiert werden sollte, war 1948 die Währungsreform, bei der die *Reichsmark* in Westdeutschland ihre Gültigkeit verlor und eine neue Währung eingeführt wurde, die *Deut-*

sche Mark. Die westlichen Alliierten beschlossen, West-Berlin in diese Reform einzubeziehen, über die Einwände der Sowjets hinweg.

Jeder Bürger erhielt von der Regierung sechzig Deutsche Mark; das war alles. Aber umgehend gab es in den Geschäften wieder Waren. Es war der Beginn dessen, was man das »Wirtschaftswunder« nannte. Von dem Zeitpunkt an ging es mit dem Fortschritt in den westlichen Gebieten enorm voran.

Als Reaktion darauf führten die Sowjets und ihre ostdeutschen Marionetten ihre eigene neue Währung ein, die sie die *Mark* nannten. Vom ersten Tag an wurde diese Mark auf dem Schwarzmarkt für ein Viertel der Deutschen Mark gehandelt. Die Einführung der Mark war ein Flop, weil sie nicht von einer vergleichbaren Wirtschaftskraft gedeckt wurde wie in Westdeutschland. Eine zweite Folge war der Beschluss der Sowjets, West-Berlin auf irgendeine Art und Weise unter ihre Kontrolle zu bekommen. Dann kam der 15. Juni 1948.

An diesem Tag verweigerten die Sowjet jedem, der von Westen kam, die Durchreise, und zwar unter dem Vorwand, dass es technische Probleme und dergleichen gäbe; sie schlossen erst eine Strecke, und am Ende war alles gesperrt, außer den Flugrouten. An diesem Punkt entschieden die Alliierten, unter der Führung von US-Präsident Harry Truman und Militärgouverneur Lucius Clay, West-Berlin durch die Luft zu versorgen.

Wir waren entsetzt über alles, was sich da abspielte. Niemand konnte sich vorstellen, dass eine Stadt mit 2,2 Millionen Einwohnern durch die Luft versorgt werden könnte. Wir überlegten, ob wir nach Westdeutschland gehen sollten – anfangs gab es noch einige Passagierflüge –, aber das konnten wir uns nicht leisten. Und wenn wir Berlin verlassen hätten, wo hätten wir hinfahren sollen? Es war ausweglos, genau wie für alle anderen auch.

Die ostdeutschen Behörden boten uns Ost-Berliner Lebensmittelkarten an. Die waren schlechter als das, was wir gewohnt waren, aber besser, als was wir jetzt hatten. Ein Anreiz war schon vorhanden. Aber es gab ein Quid pro quo – eine Gegenleistung, die zu erbringen war: Man musste unterschreiben, dass man zum »größeren (kommunistischen) Berlin« gehörte. Ich denke, nur etwa zwei Prozent der Bevölkerung nahmen die Lebensmittelkarten in Anspruch. Dies zeigte den Westmächten schon ganz klar, dass die West-Berliner keinesfalls hinter dem Eisernen Vorhang festsitzen wollten.

Als die Blockade begann, war das größte Problem die Energieversorgung mit Kohle. Alle öffentlichen Versorgungsbetriebe wurden mit Kohle betrieben, im Winter kamen dann noch die Kohlelieferungen für die Wohnhäuser hinzu. Die Energieknappheit führte immer wieder zu Stromausfällen. Doch wie es in Deutschland so ist, nichts bleibt allzu lange außer Kontrolle, und die örtlichen Behörden bekamen die Situation in den Griff. Man entschied, dass tagsüber Strom Industrie, Gewerbe und den öffentlichen Verkehrsmitteln vorbehalten blieb. Die Alliierten begannen also, Kohle einzufliegen, aber das reichte überhaupt nicht aus.

Den Einwohnern standen innerhalb von 24 Stunden nur zwei Stunden Strom zu, und das mitten in der Nacht, etwa zwischen eins und drei. Jeder stand auf. In diesen zwei Stunden kochte man ein Essen, machte die Wäsche oder tat das, wofür man Strom brauchte.

In unserer kleinen Siedlung Weinmeisterhöhe hatten wir Glück. Unseren Strom lieferte ein ostdeutsches Elektrizitätswerk, weil wir weniger als einen Kilometer von der Grenze nach Ostdeutschland entfernt waren. Und das ostdeutsche Elektrizitätswerk stellte bei uns nie den Strom ab. Vielleicht merkten sie gar nicht, dass der Strom zum Teil an eine kleine West-Berliner Enklave ging.

Nahrungsmittel waren natürlich eine ganz andere Geschichte. Auch wenn der Mangel an Lebensmitteln unmittelbar nach dem Krieg viel schlimmer war, kamen die Ängste vor einer Hungersnot wieder auf und hielten auch während der ganzen Zeit der Luftbrücke weiter an. Wir gehörten zur Lebensmittelversorgung von West-Berlin, und auch jetzt standen uns nur sehr knappe Rationen zu. Es gab nichts Frisches. Alles was eingeflogen wurde, war getrocknet: Milchpulver, Kartoffelpulver

Ein britisches Sunderland-Wasserflugzeug während der Luftbrücke.

und sogar Möhrenpulver. Es gab tatsächlich fast kein frisches Gemüse. Das war natürlich ein Rückschlag. Zwar war uns klar, dass alles getan wurde, um uns am Leben zu halten, aber keiner wusste, wie lange die Blockade dauern und ob die Luftbrücke halten würde.

Die Luftbrücke wurde in erster Linie von den Amerikanern getragen, weil sie die meisten Flugzeuge hatten. Aber die Briten beteiligten sich auch sehr rege. Für die Menschen in Berlin änderte sich alles. Niemand hielt es für möglich, dass die Alliierten dieser Herausforderung Stand halten würden. Jeder erwartete, dass sie Berlin abstoßen würden. Das sagten ja tatsächlich auch viele in Washington, Paris und London. Aber als sie dann entschieden, die Luftbrücke durchzuziehen – im Wesentlichen dank Präsident Truman –, hieß es: »Hier geht es ums Prinzip; wir haben unsere Streitkräfte da stationiert. Da gehen wir nicht weg.« Die Tatsache, dass Militär in den drei Westsektoren stationiert war, war eine Art Garantie, dass sie nicht nachgeben würden.

Der Kalte Krieg hatte begonnen. In den amerikanischen und britischen Medien wurde über die Tapferkeit der Berliner berichtet, die das Angebot der Kommunisten abgelehnt hatten, und ähnliche Geschichten. Von heute auf morgen hatten wir das Gefühl, dass wir nicht mehr die Übeltäter waren, sondern Helden. Gleichzeitig entwickelten die Berliner gegenüber den Alliierten ein Gefühl echter Bewunderung. Zwischen Siegern und Besiegten fand eine vollkommene Kehrtwendung statt, richtig dramatisch.

In den Westsektoren von Berlin kontrollierten die Alliierten noch immer die Zeitungen. Aber zum ersten Mal führten die deutschen Zeitungsverlage Leitartikel ein, auch wenn es Grenzen gab, wie kritisch man gegenüber den militärischen Autoritäten sein durfte. Dennoch war klar, dass die westlichen Alliierten Westdeutschland wieder auf die Füße helfen und eine demokratische Tradition begründen wollten, ehe sie sich zurückzogen. Man wollte unbedingt vermeiden, was in Versailles passiert war.

Die Bemühungen, der Bevölkerung zu helfen, waren erstaunlich. 1947 zeigte der Marshallplan seine Wirkung – mit etwa 130 Milliarden US-Dollar an Hilfsgeldern der Vereinigten Staaten für Europa. Es war das genaue Gegenteil von Versailles. Hätte es den Marshallplan nicht gegeben, wer weiß, was passiert wäre, denn die kommunistische Propaganda war in Westeuropa äußerst stark und verbreitete die Geschichte, dass alles, was die Sowjetunion tat, heldenhaft war. (Tatsächlich gewannen die Kommunisten in Italien, und ich glaube auch in Frankreich, einige Wahlen.) Der Marshallplan führte letztlich dazu, die Kommunisten zurückzudrängen.

Während des Sommers und vor allem im Herbst 1948 machten wir uns Sorgen, ob die Flieger der Luftbrücke genügend Waren abliefern würden, um uns durch den Winter zu bringen. »Durch den Winter werdet Ihr es mit dieser Luftbrücke nicht schaffen«, verkündeten die Russen über ihre Medien. Das jagte allen Angst ein. Wir beobachteten gespannt die Anzahl der täglichen Flüge und die tägliche Frachtmenge. Das war jeden Tag die wichtigste Nachricht. Anders als während des Krieges war

Quer durch die Luftbrücke

Tag	Datum	Flüge	Tonnen	Besonderes
192	1.1.1949	–	5079	Alle fünf Minuten landet ein Flugzeug.
193	2.1.1949	582	5408	Spell Gunners an die Luftbrückenpiloten
194	3.1.1949	/	6367	Zum erstenmal wurden 12 Piloten abgelöst.
195	4.1.1949	700	6123	Flugübungen russischer Jäger in Luftkorridor
196	5.1.1949	751	6339	Liebesgabenpakete nach Berlin. Kinder nach Plön-Itzehoe
197	6.1.1949	771	5849	10000 Kinder nach dem Westen. Jakob aus franz. Zone
198	7.1.1949	616	5355	6 ½ ... Bananen für krankes Kind gebracht.
199	8.1.1949	332	2903	Die GE 1 (Zielfilmdienst) fliegt wie die mit 2 Dakotas.
200	9.1.1949	Großer Appell		Reuters: 200 Tage haben uns Vertrauen eingeflößt.
200	9.1.1949	669	4322	50 Berlin überreichen Geschenke. "Weiter bis Flugübungen"
201	10.1.1949	707	6105	Täglich über 800 ... Drucksachen bis 500 gr.
202	11.1.1949	541	4863	105 t Medikamente im Dezember. Durch Schnee keine Behinderung
203	12.1.1949	596	5473	50 Kinder besichtigen Gatow. Spenden 1500 T'he Franks Flügen
204	13.1.1949	755	6679	Eine der höchsten Tonnenzahlen. Sprit und Tabak
205	14.1.1949	769	6648	/
206	15.1.1949	655/654	5963	Wegen schlechten Wetters konnten Kinder nicht fliegen.
207	16.1.1949	729	4900	Mehr Luftpost nach Berlin.
208	17.1.1949	641	4274	Neuer Wochenrekord: 41570 t von USA und Briten
209	18.1.1949	637	5687	Berlin: täglich 2000 Kalorien. Im Westen 2400 Kalorien
210	19.1.1949	686	6022	/
211	20.1.1949	662	5832	Roth Rolltabak für Berlin
212	21.1.1949	643	5697	Russische Jagdflieger üben. Jeder beschießt Flugplätze
213	22.1.1949	599	5349	150000 t Kohle. Das spenden Tagesration
214	23.1.1949	761	6433	Flugübungen im Korridor. Dakota mit 22 Passagieren
215	24.1.1949	706	5996	17 Kinder bei dem Unglück. Fallschirmspringungen.
216	25.1.1949	490	4462	Appell 24.12.48 – 25.1.1949 ... 1450892 Durchschnitt 5838.
217	26.1.1949	256	2420	Berlin: USA 6439 441,1t ... 171 721 t = 672 762,4t
218	27.1.1949	673	6180	Am 217. Tag 9 Stunden kein Flugzeug. Flugübungen
219	28.1.1949	674	5870	/
220	29.1.1949	485	4206	/
221	30.1.1949	456	4125	Mit 71960 t neuer Monatsrekord
222	31.1.1949	666	5812	Briten brachten Kessel etc. für Kraftwerk West

Luftbrückenstatistik für Januar 1949.

jetzt der ständige Fluglärm über uns willkommen. Ich erinnere mich, dass ich eines Nachts aufwachte, buchstäblich in kaltem Schweiß, denn es war so still. Keine Flugzeuge. Als ich aus dem Fenster schaute, war es neblig und die Flugzeuge konnten nicht fliegen. Uns gingen Hunderte von Flügen verloren, und das war ein Rückschlag. Zu der Zeit jedoch war die Luftbrücke schon voll im Gange. In Tegel wurde innerhalb von vier Monaten ein dritter Flughafen gebaut. Zement und alles andere Baumaterial wurde eingeflogen. Dadurch waren nun noch mehr Flüge möglich.

Die Luftbrücke war für mich als zwölfjähriges Kind sehr wichtig. Alle diese Flugzeuge kamen an, und einer der Flughäfen, den die Alliierten nutzten, war Gatow bei uns in der Nähe. Dort landeten vor allem britische Flugzeuge, aber später dann auch amerikanische. Unmittelbar nach dem Beginn der Luftbrücke landeten auch Wasserflugzeuge auf der Havel direkt vor unserem Haus, was mich begeisterte. Alle Segelboote mussten die Wasserfläche räumen, und die sonstige Wasserschifffahrt wurde eingestellt. Die Wasserflugzeuge hießen Sunderlands. Auch wenn nicht allzu viele von diesen Flugzeugen einflogen, so brachte doch jeder Flug immerhin bis zu fünf Tonnen Waren. Ich kann mich noch erinnern, wie ich sie von unserem Schlafzimmer aus beobachtete; es gab immer große Wellen, wenn sie landeten.

Ich veröffentlichte noch immer meine kleine Zeitung, und ich brachte eine »Sonderausgabe« heraus, eigentlich ein Magazin, siebzehn oder achtzehn Seiten dick; ich nannte es die *Luftbrückenmücke*. In dieser Sonderausgabe gab es selbstgemachte Zeichnungen von Flugzeugen, beispielsweise der Sunderland, der DC4 und der Skymaster (C-54) plus, ich weiß selber nicht, warum – eine Landkarte von Dänemark. Während der Dauer der Luftbrücke veröffentlichte ich auch eine monatliche Tabelle mit Informationen, die ich aus der Tagespresse hatte. Die Tabelle hatte fünf Spalten: die Anzahl der Tage der Luftbrücke, das Datum, die Anzahl der Flüge, die Tagestonnage und Kommentare. Beispielsweise notierte ich am 20. Januar 1949: »Rohtabak für Berlin«; am nächsten Tag: »Russische Jagdflieger üben«; und am Folgetag: »25.000 Tonnen Kohle« (bisher in diesem Winter). Dann am 23. Januar 1949: »Flugübungen im Korridor. Dakota mit 22 Passagieren abgestürzt einschließlich 17 Kindern«. (Manchmal flogen sie Kinder aus Berlin nach Westdeutschland, wo sie bei Verwandten leben oder medizinische Versorgung er-

Mit Gail Halvorsen (links) in Berlin, 2011.

halten sollten.) Dann am 30. Januar 1949: »Mit 71.960 Tonnen neuer Monatsrekord«.

Meine Freunde und ich fuhren regelmäßig mit dem Fahrrad zum Flughafen Gatow. Der war eingezäunt, aber man kam ziemlich nah heran. Ich fand es einfach toll, da alle zwei Minuten Flugzeuge landen zu sehen, starten und landen. Sobald die Flugzeuge zum Stillstand kamen, und sogar schon beim Ausrollen, öffneten sich die Türen und Ware wurde ausgeladen. Das zu beobachten, war für ein Kind fantastisch.

Anfangs war die Luftbrücke schlecht organisiert. Die US-Regierung musste eingemottete Flugzeuge aus den Staaten bringen. Einer der amerikanischen Piloten war Colonel Gail Halvorsen, der als der »Rosinenbomber« bekannt wurde, weil er für uns Kinder Süßigkeiten abwarf. Er flog eine Skymaster von Kansas die ganze Strecke nach Frankfurt am Main.

Ich weiß nicht, wann genau der Colonel anfing, Fallschirme mit Süßigkeiten abzuwerfen, aber als wir die Nachricht hörten, waren wir alle elektrisiert. Süßigkeiten waren definitiv nicht das, was sie für die ganze Bevölkerung einflogen. Die Nachricht brachte natürlich viele Kinder zum Flughafen Tempelhof. Der lag mitten in Berlin, ziemlich weit weg von uns. Aber ich nahm mehrmals mein Fahrrad und fuhr hin. Wir standen auf Schutthaufen aus dem Krieg, sodass wir das Flughafengelände und die ankommenden Flugzeuge sehen konnten. Die Landung war für die Piloten gar nicht so einfach, mit Wohnhäusern rechts und links.

Halvorsens Kommandeur hatte ihm Erlaubnis erteilt, die Süßigkeiten abzuwerfen, dann fingen andere Soldaten an, Kaugummi und was sie sonst noch hatten, dazuzugeben. Ursprünglich wickelten sie alles in Taschentücher. Als sich die Nachricht verbreitete, fingen amerikanische Schulen an, Süßigkeiten an kleine Fallschirme zu hängen, einfach nur Stoffstücke mit Fäden. Halvorsens Mannschaft warf die Fallschirme aus der Hintertür des Flugzeugs im Anflug zur Landung heraus. Die kleinen Pakete flogen im Wind herum und verteilten sich über ein ziemlich großes Gebiet.

Alle Kinder rannten durch die Straßen. Manchmal sah man eine Menge Fallschirme, die in alle Richtungen getrieben wurden. Manchmal blieben sie auf Hausdächern hängen. Ich habe nie einen abbekommen, die Konkurrenz war zu groß. Und weil der Flughafen so weit entfernt war, konnte ich nur zwei oder drei Mal in der ganzen Zeit der Luftbrücke da sein. Aber ich kann mich noch genau erinnern, wie diese kleinen weißen Dinger durch die Luft flogen. Plötzlich warfen sie Süßigkeiten und keine Bomben mehr ab. Diesen Umschwung im Laufe von nur drei Jahren mitzuerleben, war für uns ein sehr emotionales Erlebnis. Das war der Grund, weshalb wir als Kinder so viel Sympathie für die Amerikaner hatten.

Jahrzehnte später, als ich Co-Vorsitzender der American Academy in Berlin war, hatte ich Gelegenheit, Gail Halvorsen kennenzulernen und ihn in die Berliner Villa der Academy einzuladen. Als die amerikanischen Truppen 1993–1994 aus Berlin abzogen, gründete Richard Holbrooke, der damalige amerikanische Botschafter in Berlin, dieses Kulturzentrum. Als ich Colonel Halvorsen in der American Academy vorstellte, erklärte ich den Anwesenden, dass die Luftbrücke der Wendepunkt in den deutsch-amerikanischen Beziehungen war, weil dadurch Feinde zu Freunden wurden. Der »Rosinenbomber« brachte uns dazu, Amerika nicht nur zu schätzen, sondern zu lieben. Das Übrige ließ sich mit geopolitischen Interessen und diesem und jenem erklären. Aber dies war eine reine Freundschaftsgeste. Hiermit endete sozusagen die Besatzung; es war für uns der Beginn des Friedens.

Aus meiner Sicht hat Halvorsen viel Anerkennung verdient. Er ist ein überzeugter Mormone und sehr aktiv in seiner Kirche. Er trinkt nicht und raucht nicht. In seinem eigenen Buch beschreibt er, wie schwer es war, als GI nicht zu fluchen, nicht zu trinken oder zu rauchen. Aber offenbar wurde er akzeptiert, und sein Vorhaben wurde ein großer Erfolg. Für mich gehört sein Einsatz zu den Höhepunkten meines Lebens.

Ende 1948, Anfang 1949 war klar, dass wir es in West-Berlin schaffen würden. Die Russen merkten, dass die Luftbrücke für den Westen einen enormen Imagegewinn darstellte. Im Mai 1949 gaben sie schließlich auf. Sie kündeten an, dass die Straßen, Bahnlinien, Flüsse und Kanäle wieder »repariert« seien und der Verkehr wieder aufgenommen werden könne. Die Blockade war zu Ende. Diese ganzen Entwicklungen verstärkten bei den Deutschen noch die Beliebtheit der Westmächte.

In den folgenden zwölf Jahren, bis 1961 die Berliner Mauer gebaut wurde, konnten die Ostdeutschen ihr Land verlassen, indem sie nach Ost-Berlin und von dort in die Westsektoren fuhren – auch wenn dies im Laufe der Zeit immer schwieriger wurde.

Als Vater heimkehrte

Dieses Kapitel basiert zum Teil auf einem Bericht, den ich unmittelbar nach dem Geschehen für meine Zeitung *Die Mücke* schrieb.

Wir hatten keine Ahnung, dass mein Vater heimkehren würde, bis zu dem Tag, an dem er ankam. Es war an einem Sonntag im November 1949. Ich war dreizehn, mein Bruder zwanzig und meine Schwester siebzehn. Wir wohnten nun endlich allein in unserem Haus, und soweit ich mich erinnere, saßen wir im Wohnzimmer beim Tee. Im Radio hörten wir, wie ein Sprecher eine Liste von Namen vorlas. Es war so üblich, dass die lokalen Rundfunksender, wenn deutsche Kriegsgefangene aus Russland zurückkamen, deren Namen bekanntgaben.

Die Sendungen hatten keine regelmäßigen Zeiten; immer wenn die Sender herausfanden, dass ein Sonderzug aus der Sowjetunion ankam und sie die Namensliste erhalten hatten, wurde gesendet. Sie gaben die Namen bezirksweise bekannt. Wir hörten schon nicht mehr richtig zu, weil das schon seit Jahren so ging, ständig kehrten Kriegsgefangene heim. Aber an diesem Tag – der Sprecher war noch gar nicht bei Spandau angelangt – sagte jemand, wir sollten doch mal hinhören. Und genau an dem Tag war der Name meines Vaters dabei. Wir waren völlig fassungslos. Und natürlich voller Freude. Gisela hat daran eine etwas andere Erinnerung:

Das sind Dinge, die man nie vergisst. Es klingelte das Telefon, es klingelte an der Haustür. Wir sind alle ständig hin und her geflitzt. Es kamen Leute, die wir nie gesehen hatten, die aber irgendwo um uns herum wohnten. Den Namen Müller von der Heyden, den kannten viele. »Müssen Sie hören, das kam in den

Nachrichten: Ihr Vater kommt nach Hause!« Dann kam der nächste mit derselben Nachricht.

Es gab viele praktische Dinge, die sofort geregelt werden mussten. Beispielsweise wer zum Bahnhof gehen und meinen Vater abholen sollte. Das war nicht so einfach, weil wir nur drei Stunden Zeit hatten, um zum Bahnhof zu kommen, der in Ost-Berlin lag. Meine Mutter war entschlossen, nicht mitzukommen, damit sie zu Hause alles vorbereiten konnte. Das war vermutlich eine gute Entscheidung; wir hatten damals keine Hilfe. Meine Schwester blieb auch da. Also gingen mein Bruder und ich los.

Wir fuhren mit öffentlichen Verkehrsmitteln und mussten mehrmals umsteigen, um zum Schlesischen Bahnhof, heute Ostbahnhof, zu kommen. Der war ziemlich zerbombt, aber in Betrieb, denn die Gleise waren noch in Ordnung. Als wir ankamen, war der Bahnsteig überfüllt mit Menschen wie uns, die auf ihre Kriegsgefangenen warteten. Ich erinnere mich, wie ich auf einen Laternenpfahl stieg, um etwas zu sehen. Mein Bruder hatte es mit seinen 1,90 leichter.

Um 21:43 kam der Zug an, ein altmodischer Zug mit Dampflokomotive, die mit Kohle befeuert wurde. Er war rappelvoll. Die Türen gingen auf und die Kriegsgefangenen quollen heraus, zu Hunderten. Sie waren alle mit einer Art grauem Filz gekleidet, der russischen Kriegsgefangenenkleidung, und trugen Mützen aus Kunstpelz. Vermutlich zogen die russischen Bauern sich so an.

Wegen der schlechten Beleuchtung war es schwierig, die Gesuchten zu finden. Wir sahen meinen Vater fast im selben Augenblick. Er war schmaler geworden, aber hatte immer noch eine aufrechte Haltung. Wir liefen auf ihn zu und umarmten ihn. Er sagte nicht viel. »Ihr schaut gut aus.« Und wir antworteten: »Du siehst auch gut aus.« Es war irgendwie merkwürdig, weil wir uns nach fünf Jahren daran gewöhnt hatten, dass er nicht da war. Aber viel wichtiger war erst einmal das Gefühl, sich wiederzusehen.

Natürlich gab es keine Möglichkeit der Verständigung mit unserer Mutter, nachdem wir das Haus verlassen hatten, aber

Onkel Hugo hatte gesagt: »Bringt euren Vater zum Bahnhof Zoo«, der in der Nähe seiner Wohnung lag. Also nahmen wir drei die S-Bahn zu ihm, und Onkel Hugo lud uns zu einem Bier ein. Er machte keine große Sache aus der Heimkehr meines Vaters. Er sagte so etwas wie: »Schön, dass du wieder da bist, es ist wunderbar, dich zu sehen.« Dann fuhr er uns nach Hause, aber kam nicht mit rein; er wollte uns nicht stören. Es war ein frohes Wiedersehen.

In meinen Gesprächen mit Gisela erfuhr ich, dass Jürgen ihr einmal beschrieben hatte, wie er das Wiedersehen erlebt hatte:

Da standen die Frauen auf der Treppe und hielten große Fotos hoch: »Haben Sie den gesehen, kennen Sie den? Wissen Sie was von dem?« Das waren ihre Söhne oder ihre Männer.

Das muss wohl ziemlich erschütternd gewesen sein. Du hast Vater dann erkannt, und er muss dich auch erkannt haben. Denn Mutter hatte ja mit der Post, mit diesen Feldpostkarten, ab und zu schon mal ein Foto mitgeschickt.

Jürgen hat mir auch erzählt, dass Onkel Hugo zu Vater sagte: »Weißt du was, jetzt gehen wir erst mal zusammen 'ne Molle trinken und dann fahren wir nach Hause. Dann weißt du wenigstens, dass du wieder in Berlin bist.« Das ist mir doch sehr nahe gegangen, unter die Haut. Das war sozusagen das erste, was Vater von Onkel Hugo hörte.

Als mein Vater dann zu Hause war, packte er aus; er hatte nicht viel dabei, nur eine kleine Feldtasche. Daraus zog er ein Stück Brot hervor, russisches Brot. Er und die anderen Gefangenen lebten von Hungerrationen, aber er hatte dieses Brot für uns aufbewahrt; es war Teil seiner Ration. Er meinte, wir brauchten es; er meinte, Westdeutschland sei in einem schrecklichen Zustand. In Russland hatte er in den ostdeutschen Zeitungen nur die ostdeutsche Propaganda gelesen, wenn er überhaupt an irgendwelche deutschen Zeitungen kam. Und die berichteten, dass die West-Berliner sich zu Tode hungerten, während das Arbeiterparadies Ostdeutschland florierte.

Auch Gisela erinnert sich, wie unser Vater nach Hause zurückkehrte:

Das ist ein unvergessliches Bild: Es war ja Winter, alles ziemlich kahl im Garten und Vater kam den langen Weg, der etwas geschwungen zur Haustür führt, da an, ziemlich schlürfend der Gang, aber aufrechte Haltung und diese entsetzliche Feldtasche über der Schulter hängend. Dann diese Ohrenschützer; eine Pelzmütze aus Russland und unten an den Füßen nur Lappen. Und so kam er vor Dreck strotzend in seinem alten Ledermantel. Den hatte er wohl gehütet wie seine eigene Haut: natürlich abgewetzt und sonst was. Aber dadurch war er geschützt gewesen vor Kälte.

So kam er an. Für mich war das ein fremder Mann. Und dann, nachdem er uns alle umarmt hatte, sagte er: »Ich bin auch nicht mit leeren Händen gekommen. Ich habe euch was mitgebracht.« Und kramte aus seiner Feldtasche einen Kanten russisches Klitschbrot raus und sagte: »Man hat uns gesagt, ihr verhungert hier fast in Berlin.« Er war sehr enttäuscht, dass da gar kein Jubel kam. Und dann sagte einer von uns, vielleicht ich mit der vorlauten Schnute: »Können wir aber morgen früh unsern Hühnern füttern.« Und da versteinerte sich sein Gesicht.

Dann gab es eine kleine Pause. Er schaute das Brot an und sagte: »Brot war für uns Gold.« Das hat er gesagt. »Brot war für uns Gold.« Da waren wir dann peinlich berührt und schließlich sagte Mutter: »Wir haben aber so ein Brot noch nie gegessen, Werner. Das werden wir morgen früh zum Frühstück ehrlich verteilen. Und dann kriegt jeder sein Stück ...und dann wissen wir auch, was du gegessen hast in all den Jahren.« Dadurch war das erstmal gut.

Dann sagte Mutter: »Du bist sicherlich froh, Werner, wenn du dich jetzt waschen kannst. Wir gehen runter, nicht oben ins Badezimmer, nein wir gehen runter in die Waschküche.« Da hatte sie schon den Kupferkessel angeheizt, sodass da unten warmes Wasser war. Und das wurde in die Badewanne gekippt. Vater hat sich da unten ausgezogen. Und Mutter hat sofort alles, was

Vater kehrt aus dem russischen Kriegsgefangenenlager heim,
November 1949.

*er auszog, in das Kohlenfeuer reingeschoben, vom Lappen bis
zu den Ohrenschützern. Es blieb nichts mehr übrig. »Das sitzt
doch voller Getier«, meinte sie. Vater hat nur groß geguckt. Für
ihn war das ja sein Leben in den letzten Jahren gewesen. Und
da verschwand das so einfach im Feuer. Das musste er auch erst
mal verdauen. Wir waren eben wie von einem anderen Stern.*[1]

Ich habe meine Schwester gefragt, was am nächsten Tag geschah.

*Na, er fragte dann viel. Vor allem schulische Dinge fragte er ab.
Und er sagte, wir wären ja doch so gewachsen und ob wir Freunde und Freundinnen hätten. Ja, wir haben ihm alles erzählt,
und dann meinte ich: »Aber du musst uns auch mal was erzählen.« Und er darauf: »Bei mir gibt es nicht viel zu erzählen. Wir
haben zu dreißig Mann in einer Baracke zusammen geschlafen,
manchmal zwei Mann in einem Bett. Und was man an Wert-*

sachen hatte, das musste man gut vergraben, verstecken und sonst wie. Sonst wäre das alles geklaut worden. Von den Russen, aber auch von den Deutschen.«

Mehr hat er anfangs nicht erzählt. Später haben wir dann gehört, dass er Holz gehackt hat. Er sagte, irgendetwas hätte er ja tun müssen und mit der Arbeit hätte es mittags einen Schlag Suppe mehr gegeben, das wäre schon viel gewesen. Und vor allem machte das ja warm. Die Winter im Ural waren verdammt kalt und er musste jeden Tag Gräber ausheben. Du hast Buchenwald angesprochen. Vielleicht hat er auch dort Gräber ausgehoben, aber davon hat er nicht gesprochen. Ich weiß noch, wie er sagte: »Wir mussten das mit der Spitzhacke tun, wir hatten da ja Permafrost.«

Nach all der Zeit war er wie ein Fremdkörper zwischen uns geworden, und das spürte er auch. Er wollte die Uhr zurückdrehen; so wie er uns damals erzogen hatte, wollte er jetzt wieder weiter erziehen. Aber das ging längst nicht mehr. Wir hatten mit Mutter, die das sehr diplomatisch durchgeführt hatte die ganzen Jahre, ein sehr gutes Verhältnis. Aber er war sehr streng, wie ein Diktator. Und er wurde auch sehr bald unerfreulich und unzufrieden. Was verständlich war.

Meine Erinnerungen decken sich so ziemlich damit. Innerhalb weniger Tage wurde meinem Vater klar, dass er die Kontrolle über die Familie verloren hatte. Er versuchte, Jürgen zu sagen, was er tun sollte, und mein Bruder lachte bloß. Er hatte sich an Stelle meines Vaters um die Dinge gekümmert. Jetzt versuchte Vater, sich wieder zu behaupten. Ich denke auch, dass er uns vermutlich als die Kinder sah, die wir vor fünf Jahren gewesen waren. Seine ganze Art war anders, altmodisch. Mit der Demokratie in Westdeutschland verschwanden die autokratischen Regeln, nach denen die Väter die Regie hatten, denn die meisten Männer waren gefallen, und praktisch regierten die Frauen das Land. Auf diese völlig neue Ordnung war er nicht vorbereitet. Meine Mutter war eine fabelhafte Managerin. Tatsächlich war sie in geschäftlichen Dingen viel besser als mein Vater. Ich denke auch, dass meine Mutter meinem Vater nie mehr so nah stand wie vor dem Krieg. Sie war eine unabhängige Frau geworden, und das konnte er nicht akzeptieren.

Nachdem er zurück war, zurück in Zivilkleidung, musste er sich nach einem Job umsehen. Er versuchte, wieder bei der Lufthansa in Bonn Fuß zu fassen, obgleich Gisela meint, dass Mutter ihn davon abbringen wollte. Er fühlte sich zurückgewiesen. Seine ehemaligen Kollegen, die nicht das Pech gehabt hatten, Kriegsgefangene zu sein, hatten alle verfügbaren Stellen besetzt und man brauchte ihn nicht mehr. Vater gehörte nicht mehr ins Bild. Er wusste, dass es keine Türen mehr gab, wo er anklopfen konnte. So waren die Dinge eben.

Aber er war Metallurge; er hatte ein Diplom in Eisenhüttenwesen. Also wurde ihm ein Job bei einem Stahlunternehmen in Oberhausen angeboten, mitten im Ruhrgebiet, dicht bevölkert und damals überall Schornsteine.

»Ich nehme den Job an, und ich möchte, dass du mitkommst«, verkündete er meiner Mutter. Da war er wohl schon ein halbes Jahr zu Hause. Meine Mutter aber lehnte ab, was ihn nicht aufhielt: »Ich gehe mal und finde eine Wohnung, und dann komme ich zurück und hole euch.« Er verließ uns und berichtete ihr dann, dass er eine Wohnung gefunden hatte: ein Einzelzimmer über einer Kneipe, in einem sehr schäbigen Teil von Oberhausen. Er fand das toll, wirklich.

Luxus hatte ihm nie etwas bedeutet. Er fand das Zimmer perfekt. Sicher war es wesentlich besser als das, was er in den vergangenen fünf Jahren erlebt hatte. Er traf Vorkehrungen, dass die ganze Familie zu ihm ziehen konnte, aber Jürgen studierte bereits Jura an der Freien Universität in Berlin, und Gisela hatte Abitur gemacht und war zu Hause ausgezogen; sie arbeitete bei einem Chemieunternehmen im Ruhrgebiet, unweit von Oberhausen.

Meine Mutter fuhr hin, um sich alles anzusehen, und kam entsetzt nach Berlin zurück: »Wir ziehen nicht um.«

Nach Giselas Erinnerungen war Vater äußerst aufgebracht, als Mutter ihm sagte, er könne ihr nicht befehlen umzuziehen und das Haus aufzugeben. »Wir haben den Krieg verloren! Wir können keine Ansprüche stellen. Dort ist meine Arbeit. Da drüben, wenn du über die Fabrikmauern schaust, da fließt die Kohle. Und da werde ich mein Geld verdienen. Und es ist deine Pflicht, dabei zu sein!«

Vater blieb in Oberhausen allein. Gelegentlich traf er sich mit Gisela, und gelegentlich kam er zu Besuch, oder meine Mutter und ich besuchten ihn. Das war der Tiefpunkt nach Vaters Heimkehr.

Die Spannungen zwischen den Eltern eskalierten nach dem Krieg auch noch in anderer Hinsicht. Gisela berichtet von Mutter, dass das Leben mit Vater »nicht mehr das ist, was es einmal war«.

Sie hat auch sehr bald nicht mehr neben ihm schlafen können, weil er nachts im Traum die Vergangenheit noch einmal erlebte. Er hat sie wach gerüttelt und gesagt: »Man hat uns nicht geschlagen! Nein, man hat uns nicht geschlagen!« Und das hat er mehrere Nächte hintereinander gemacht.

»Anfangs« sagte sie, »hab ich mich furchtbar erschreckt. Und dann hab ich viel Zeit gebraucht, um ihm zu sagen: ›Werner, du träumst! Du bist jetzt hier zu Hause!‹ Da hat er sich zwar entschuldigt, aber diese Alpträume kamen immer wieder. Dann sagte Mutter: »Ich kann hier nicht mehr schlafen bei dir.«

In dieser Zeit war er mit dem Wiederaufbau einer Brücke über den Rhein beschäftigt, in der Nähe von Düsseldorf. Bei einem unserer Besuche sah ich die Brücke vor der Fertigstellung. Sie bauten sie von beiden Seiten, und in der Mitte war eine Lücke. Mein Vater erlaubte mir auf die Brücke zu steigen, die hoch über den Rhein führte, und auf die Mitte zuzugehen, so weit wie die Brücke fertiggestellt war. Am Ende war ein Busch oder ein Baum, der in dem Gitter steckte. Ich weiß noch genau, wie ich in den Abgrund blickte.

Als Reaktion darauf, wie ich da hinunter schaute, bot er an: »Lass uns mal da runter gehen.« Unten waren einige Sockel, jeweils im Format von vielleicht einem Quadratmeter. Die Sockel bestanden aus zwei Kegeln: Einer spitzte sich wie eine Eistüte

Auf einer Rheinbrücke im Wiederaufbau, in der Nähe von Düsseldorf.

zu, und die Spitze hatte nicht mehr als etwa zwanzig Zentimeter Durchmesser; der andere saß umgekehrt darauf. Die ganze Brücke stand auf diesen balancierenden Kegeln. Mein Vater war in seinem Element; er wusste genau, wie das funktionierte. Zum ersten Mal wurde mir klar, wozu seine Ausbildung und sein Beruf gut sind, und ich war sehr stolz auf ihn. Dennoch war mein Vater nach seiner Rückkehr nie mehr in der Lage, einen merklichen finanziellen Beitrag zu unserem Unterhalt zu leisten.

Ich hatte immer eine gute Beziehung zu ihm gehabt, und als er aus Russland zurückkehrte, dachte ich, wir würden uns näher kommen, aber es ergab sich dann anders. Er war nie da. Und wenn er da war, war er launisch und auch autoritär. Entsprechend hatten wir unsere Auseinandersetzungen. Trotzdem, ich liebte ihn.

Als er noch in Kriegsgefangenschaft war, spielte ich manchmal ein Spiel mit meinen Freunden, deren Väter auch russische Kriegsgefangene waren. Was würdest du tun, damit dein Vater morgen nach Hause kommen kann? Würdest du einen Finger deiner Hand hergeben? Welchen Finger? Oder würdest du eine ganze Hand opfern? Jeder wollte besser sein als der andere darin, was wir opfern würden, um unsere Väter wieder zu haben.

Als sie dann heimkehrten, litten viele unter posttraumatischem Stress. Ich weiß nicht, ob mein Vater tatsächlich dieses Syndrom hatte, aber nach Meinung meiner Mutter hatte er sich völlig verändert. Vor dem Krieg war er ein lebenslustiger Mann gewesen, ein Athlet und toller Skifahrer. Sie hatten Reisen nach Italien gemacht und waren in der Umgebung von Berlin Kajak gefahren. Außerdem hatten sie viele Freunde und feierten Partys und so weiter. So gesellig wie früher wurde er nie wieder.

Außer ein paar Fragen, die er bei seiner Rückkehr beantwortete, redete er nie über seine fünf Jahre in Russland. Niemals. Meine Geschwister und ich respektierten das. Wir stellten keine großen Fragen. Aber heute wünsche ich, wir hätten gefragt und er hätte darüber geredet. Allenfalls erzählte er uns, dass er in diversen Lagern gewesen war, was wir ja wussten. Und gelegentlich sagte er: »Im Lager haben wir es so und so gemacht.« Sehr sachlich. Im Laufe der Zeit erfuhren wir, dass es wohl Hunderte Gefangene in jedem Lager gab und dass die Kameradschaft unter den deutschen Kriegsgefangenen besonders bemerkenswert war. Sie waren offenbar wesentlich sich selbst überlassen; die Russen ließen sie in Ruhe. Ich glaube nicht, dass er Angst hatte, umgebracht zu werden. Er war Offizier, und die Russen respektierten die Genfer Konvention. Dennoch lebte er unter sehr schwierigen Bedingungen.

Gegen Ende seines Lebens fiel Gisela auf, wie emotional distanziert er geworden war:

Vater saß abends draußen, meist wenn die Sonne unterging, dann hat er sich diesen alten Korbstuhl aus Großmutters Gartenhäuschen rausgeholt und sich da oben neben den Pappelplatz hingesetzt, mit Blick auf die Havel. Er saß da mehrere Stunden, fast unbeweglich und schaute auf die Havel. Da ging ihm wahrscheinlich sein ganzes Leben nochmal durch den Sinn....

Friedenszeiten

Nach der Berliner Blockade setzte sich das »Wirtschaftswunder«
immer mehr durch. Die Leute gelangten zu mehr Wohlstand.
VW brachte den Käfer raus, und die Leute konnten sich wieder
Autos leisten. Alles das kam uns ziemlich normal vor.

Allerdings war es keineswegs normal, dass unser täglicher
Begleiter der Kalte Krieg war. Unsere Empörung über das sowjetische Regime und vor allem über das kommunistische deutsche
Stellvertreterregime, das die Sowjets eingesetzt hatten, wurde
immer heftiger. Die Menschen im Osten merkten allmählich,
dass sie unter einem von den Sowjets kontrollierten Marionettenregime lebten, während in Westdeutschland freie Wahlen
stattfinden konnten. Ironischerweise gab es in Ostdeutschland
noch immer mehrere politische Parteien. Aber das hatte nichts
zu sagen; alle wählten dasselbe.

Das nächste große politische Ereignis war der 17. Juni 1953.
Zu dem Zeitpunkt war ich im Gymnasium, und zufällig machten wir an diesem Tag einen Schulausflug; eine Wanderung, die
uns in den nördlichen Teil von Berlin brachte, eine Waldgegend,
in der Nähe von einem der Grenzübergänge zur Ostzone. Es war
mitten im Wald. Der Grenzübergang war eigentlich nur eine rot-
weiße Schranke, die den Verkehr aufhielt – wie eine Zufahrt zu
einem Parkplatz. Sie wurde von einem Polizisten mit Hand be-
tätigt. Er konnte die Schranke mit einer Hand heben und kon-
trollierte dabei die Papiere.

Als wir den Grenzübergang sahen, war die Schranke hoch.
Niemand war da, was ganz ungewöhnlich war, geradezu sensati-
onell. So etwas gab es nicht. Wir wussten sofort, dass etwas nicht
stimmte. Schließlich fanden wir heraus, dass in Ost-Berlin eine
Arbeiterdemonstration stattfand; sie hatte in den Fabriken begonnen. Studenten und Akademiker waren noch nicht beteiligt.

Die Tatsache, dass die Fabrikarbeiter die Unruhen verursachten, machte die Situation für die Kommunisten noch schlimmer. Gerade sie waren ja die Leute, um die sich die Regierung angeblich kümmerte. Das war dann gewissermaßen das Ende unseres Ausflugs, weil einige von uns sagten, »da müssen wir hin«.

Also schlugen wir uns mit öffentlichen Verkehrsmitteln zur noch offenen Grenze zwischen West- und Ost-Berlin durch. Als wir ins Stadtzentrum kamen, war alles sehr aufregend. Tausende waren da zusammengekommen. Bevor wir ankamen, hatten die Fabrikarbeiter angefangen, Pflastersteine von den Bürgersteigen gegen die russischen Panzer zu werfen. Die Panzer waren schon von der Bildfläche verschwunden.

Vor diesem Tag war das schwere russische Militärgerät eigentlich nie zu sehen gewesen. In der Gegend um Berlin waren eine halbe Million russische Soldaten stationiert. Im Vergleich dazu waren etwa 10.000 Amerikaner und noch weniger britische und französische Soldaten in West-Berlin. Ostdeutschland war jedoch noch nicht wieder aufgerüstet. Als die Demonstration begann, mussten die Ostdeutschen also die Russen um Hilfe bitten. Plötzlich tauchten mitten in Berlin wieder russische Panzer auf.

Ich sah viele zersplitterte Fensterscheiben und überall Papier, weil offenbar einige der Arbeiter bestimmte kommunistische Büros geplündert und zerstört hatten. Es war ein großer Aufruhr, aber es gab keinen Feind, an den die Arbeiter hätten herankommen können. Das Regime in Ost-Berlin war ziemlich gut geschützt.

Die Polizei begann, die Anführer des Aufstands festzunehmen. Natürlich hatten sie die Stasi, ihre Geheimpolizei, deren Agenten überall in der Menge waren und zahllose Leute identifizierten. Auch in den Folgetagen gab es viele Festnahmen.

Die Unruhen dauerten nur einen Tag. Dann war alles vorbei. Es war ähnlich wie später der Ungarnaufstand 1956 und die tschechische Revolution in Prag fünfzehn Jahre danach. Auch die wurden von russischen Panzern niedergeschlagen. Das Problem 1953 war, dass es den Ruf nach Demokratie gab, aber niemand zeigte sich. Die ostdeutschen Politiker versteckten sich.

Ich sollte betonen, dass die Gewaltausbrüche nicht nur in Berlin passierten; sie ereigneten sich in ganz Ostdeutschland, und in manchen Teilen waren sie tatsächlich brutaler. Für mich war es sehr aufregend, weil zum ersten Mal klar wurde, dass die Ostdeutschen bereit waren, für ihre Freiheit und für Demokratie zu kämpfen. Es wurde noch klarer, dass das russische Marionettenregime in keiner Weise das Volk repräsentierte.

Anfangs war ich sehr enttäuscht, dass der Aufstand niedergeschlagen wurde. Es hätte ein bedeutendes Ereignis sein können, weil es der erste richtige Widerstand gegen die Regierung in Ostdeutschland war. Man hat den Deutschen immer vorgeworfen, gute Untertanen zu sein, gleich unter welcher Regierung. Der Unterschied zwischen dem Hitler-Regime und dem von den Sowjets oktroyierten Regime war, dass die meisten Deutschen Hitlers Regime freiwillig unterstützten. Das ostdeutsche System unterstützten die meisten hingegen nicht. Mir ist es unverständlich, dass es noch weitere sechsunddreißig Jahre bis 1989 bestehen konnte.

In den 50er-Jahren gab es immer mehr Einschränkungen. Und mit den beiden gültigen Währungen mussten die Ost-Berliner, wenn sie nach West-Berlin kamen, ihr Geld auf dem freien Markt tauschen, wobei der Wechselkurs immer ungünstiger wurde. Sie konnten sich in West-Berlin nichts mehr leisten, und es wurde für sie auch immer schwieriger, dort zu arbeiten.

Doch noch gab es keine Reisebeschränkungen zwischen den beiden Teilen der Stadt, bis 1961 die Mauer gebaut wurde. Die U-Bahnen fuhren durch die ganze Stadt. Wie in jeder Großstadt blieben die Berliner trotzdem meistens in ihrem eigenen Bezirk und in ihrem Viertel, statt zwischen Ost und West hin- und herzufahren. Außer denen vielleicht, die nahe an der Grenze wohnten. Ostdeutsche aus anderen Regionen brauchten Dokumente, um nach Ost-Berlin einzureisen; das war allerdings schwer kontrollierbar, weil täglich Nahverkehrszüge in die Stadt fuhren.

Mein Alltagsleben kam mir allmählich wieder ganz normal vor. Ich ging immer noch gerne zu Fußballspielen. Doch die West-

Berliner Fußballteams spielten jetzt nur noch im Westteil. Ich ging in Spandau ins Gymnasium und war meist mit dem Fahrrad unterwegs.

Damals gab es eine Schulpflicht von 13 Jahren, bevor man zur Universität zugelassen wurde. Ich war nicht das, was man einen fleißigen Schüler nennen würde. In den ersten Jahren mit elf oder zwölf fiel mir alles leicht, obwohl ich schon auf dem Gymnasium war. Ich strengte mich nicht sehr an, bekam aber trotzdem gute Noten.

Doch in Mathematik baut ja alles auf dem auf, was man vorher gelernt hat. Wenn man die Grundlagen nicht beherrscht, kommt man nicht recht weiter. Ich war bei den Grundlagen unsicher, und so war ich später im Mathematikunterricht verloren. Natürlich wollte ich das nicht eingestehen, schaffte aber die Klassenarbeiten kaum. Was wir im Gymnasium in Mathematik lernten, ging ungefähr bis zur Integralrechnung. Meine Mathe-Noten waren durchschnittlich, aber ich kam irgendwie durch.

In Geschichte und Deutsch tat ich mich besonders hervor. Auch in Griechisch war ich gut. Wir hatten sieben Jahre Griechisch und neun Jahre Latein. Wir fingen im Alter von zehn Jahren mit Latein an. Mit zwölf kam dann als zweite Fremdsprache Griechisch. Das ergab insgesamt sieben Jahre, weil wir mit 19 Abitur machten. Englisch kam als dritte Fremdsprache hinzu, wenn man 15 war.

Meine Schule war ein »klassisches« humanistisches Gymnasium, wo Wert auf die alten Sprachen gelegt wurde. Andere Möglichkeiten waren ein naturwissenschaftlich orientiertes Gymnasium, und es gab auch ein Gymnasium für moderne Sprachen. Der klassische Ansatz ging auf Wilhelm von Humboldt im 19. Jahrhundert zurück. Dessen ursprünglicher Gedanke war, dass ein gebildeter Deutscher in der Lage sein sollte, die Bibel in den Originalsprachen zu lesen: hebräisch, aramäisch, griechisch und lateinisch.

Hebräisch ebenso wie Aramäisch wurden schon Anfang des zwanzigsten Jahrhunderts aufgegeben. In einem zunehmend säkularisierten Land war die Motivation, alle vier Sprachen zu lernen, nicht mehr da. Lateinisch und Griechisch werden immer noch als Grundsteine der westlichen Kultur angesehen. In Latein lasen wir Cäsar, Tacitus und ähnliche Autoren. In Griechisch lasen wir Homers *Ilias* und *Odyssee*, Werke der Geschichtsschreiber Herodot und Thucydides sowie Platon und die großen griechischen Theaterautoren.

Griechisch hatte ich sehr gern, aber Latein mochte ich nicht, damit hatte ich Probleme. Warum, kann ich nicht sagen. Ich fand, dass die griechische Sprache melodischer ist, und sie hat einen unglaublich reichen Wortschatz.

In *Ilias* und *Odyssee* gibt es Hunderte von Worten, die sonst nirgends in der griechischen Literatur auftauchen. Es ist vollkommen unmöglich, sich dieses immense Vokabular zu merken. Ich saß immer mit dem Wörterbuch da und schaute die Worte nach, aber es gab keinen Grund, warum man die alle lernen sollte. Die homerischen Epen waren im neunten Jahrhundert vor Christus geschrieben worden, während die griechische Hochkultur etwa auf 500 vor Christus zu datieren ist. Damals war das Griechische bereits eine andere Sprache. Und natürlich ist das moderne Griechisch noch einmal ganz anders.

Mit 17 ging mir endlich ein Licht auf. Ich merkte, dass ich in Mathe niemandem mehr etwas vormachen konnte. Im Abitur gab es eine fünfstündige schriftliche Prüfung in den Hauptfächern; und ein paar Monate später kamen dann mündliche Prüfungen, zum Stoff der ganzen neun Jahre. Je näher diese Prüfungen rückten, desto mehr Angst machte mir das alles; ich hatte schlaflose Nächte.

Schließlich wurde mir klar, dass ich etwas tun musste, denn wenn man am Ende des Schuljahres in zwei Fächern eine Fünf hatte, musste man das ganze Schuljahr wiederholen, auch in den Fächern, in denen man ordentlich abschnitt.

Die anderen Schüler und ich waren die ganze Schulzeit als Klasse zusammen. Die Lehrer wechselten ja nach Fach, aber wir nahmen gemeinsam am Unterricht teil. Wir fingen mit achtundvierzig Schülern in der Klasse an. Aber die Schulverwaltung wusste, dass die Anzahl der Schüler kleiner werden würde. Einige würden die Schule verlassen, andere nicht versetzt werden. Wir hatten auch Schüler in der Klasse, die das Schuljahr wiederholen mussten.

Am Ende bekam ich eine ordentliche Note in Mathe. Ich bekam gute Noten in Griechisch, Deutsch und Geschichte, und ziemlich gute Noten in Musik, Biologie, Chemie und Sport. Als ich 1955 das Abitur ablegte, waren von den ursprünglichen achtundvierzig Schülern noch sechzehn dabei.

Mit Ausnahme von ein paar Fächern hasste ich die Schule. Der gnadenlose Druck, Hausaufgaben zu machen und gute Noten zu bekommen, setzte mir zu. Ich hatte keine Selbstdisziplin. Manche Lehrer waren Nazis gewesen, sie kommandierten uns herum. Ich konnte sie nicht leiden. Sie sagten so Dinge wie: »Eines Tages werdet ihr an diese Zeit hier zurückdenken und erklären, dass es die glücklichsten Jahre in eurem Leben waren!« Das konnte ich mir nicht vorstellen. Ich habe meine Meinung seit der Zeit auch nicht geändert.

Lange vor meinem Abitur hatte sich das Leben zu Hause beruhigt. Mein Vater hatte versucht, in Berlin wieder einen Job zu finden. Schließlich gelang es ihm, bei einer Berliner Firma anzufangen und sich in eine Routine einzufinden. Die Firma, für die er arbeitete, entwickelte ein Tonbandgerät. Es war ein sehr gutes Produkt. Das Tonband, das eines der ersten überhaupt war, lag in einer Kassette, wie ein Video, aber es war breiter. Es war originell und innovativ, aber die Firma, die es baute, hatte nicht genug Kapital und ging am Ende in Konkurs.

Mein Vater las jeden Tag die Zeitung, hörte Radio und begann sich für Politik zu interessieren. 1950 standen Wahlen an. Man wählt in Deutschland ja die Partei und nicht einen Kandidaten. Es gab damals drei Parteien, die Christ-Demokraten, die Sozial-Demokraten und die Freien Demokraten. Ich fragte meinen Vater, welche Partei er wählen würde. »Die Freien Demokraten.« Und auf meine Frage, warum, antwortete er, wegen Ludwig Erhard. Der war in Deutschland der am meisten bewunderte Mann, und ein populärer Typ. Das Problem war, dass Ludwig

Erhard für die CDU und nicht für die FDP kandidierte. Wenn es um Politik ging, war mein Vater immer noch ahnungslos.

Inzwischen hatte meine Mutter auch ihre eigene Routine entwickelt. Und ich hatte meine. Wir kamen ganz gut miteinander klar, auch wenn wir nicht das waren, was man eine richtig enge Familie nennen würde. Wir waren alle ziemlich unabhängig voneinander.

Mein Bruder wohnte zu Hause, während er sich auf sein juristisches Staatsexamen an der Freien Universität vorbereitete, zu deren Gründungsstudenten er gehörte. Nachdem es sich durch die Aufteilung der Stadt so ergab, dass die Berliner Universität, die spätere Humboldt Universität, im kommunistischen Teil lag, sollte auch im Westteil der Stadt eine Hochschule entstehen. Keine Universität zu haben kam gar nicht infrage, und daher gründeten eine Gruppe von Professoren und Studenten die Freie Universität; mein Bruder war einer von ihnen. Sie wurde »Frei« genannt, nicht weil es keine Studiengebühren gab, sondern weil sie im »freien« Berlin lag.

Wir erfuhren, dass die Schulen und Lehrbücher in der DDR voller Propaganda waren, genau wie es unter den Nazis der Fall gewesen war. Wir hörten von den Lehrplänen. Die Ostdeutschen waren gut in Mathematik, Ingenieurwesen und Naturwissenschaften, in den Disziplinen also, die sich nicht politisieren lassen. In den Geisteswissenschaften, einschließlich Geschichte, waren sie schlecht. Das Geschichtsbild wurde ähnlich wie bei den Nazis verzerrt – außer dass jetzt alles unter kommunistischem Vorzeichen stand.

Manchmal fuhr ich nach Ost-Berlin und kaufte mir Zeitungen und Bücher, um zu sehen, wie die Dinge dort geschildert wurden. Wie die Lehrbücher waren auch populäre Sachbücher voller Propaganda; im Wesentlichen hieß es, dass die Ostdeutschen die Opfer des Faschismus wären. Sie versuchten, sich zu Opfern zu machen.

Die Fähigkeit des Regimes, die Medien zu kontrollieren, war allerdings bescheiden. Ost-Berlin hatte keine unabhängigen Zeitungen; eine Zeit lang konnte man wohl in Ost-Berlin westliche

Zeitungen kaufen, aber das wurde schon ziemlich bald unterbunden. Später hielten die Behörden jeden mit einer westlichen Zeitung fest, und das war für die Leute dann sehr unangenehm. Trotzdem hörte jeder Radio, und zwar westliche Sender. Und als es dann Fernsehen gab, konnten die Leute die Programme im Westen sehen. Allerdings konnte man diese Sender nur in einem bestimmten Umkreis in Ostdeutschland empfangen. Wenn man in Dresden oder Leipzig wohnte, konnte man kein West-Fernsehen sehen. Die Kinos in Ost-Berlin waren eine andere Sache; die meisten im Westen produzierten Filme wurden nicht gezeigt. Die Regierung versuchte, Ostdeutschland möglichst zu isolieren.

Ich verbrachte meine Freizeit mit einem engen Freundeskreis. Wir begannen Stücke und Geschichten zu schreiben und sie auch aufzunehmen. Durch die Arbeit meines Vaters konnte ich ein Tonbandgerät bekommen. Uns machte das viel Spaß. Wir nahmen Krimis und andere Texte auf.

Mit 15 tranken wir auch mal in einer nahegelegenen Bar ein Bier. Es gab keinerlei Überprüfung des Alters wegen Jugendschutz; ich weiß nicht mal, ob es offiziell ein Alter gab, ab dem Alkohol erlaubt war. Trinken und Autofahren war kein Thema. Keiner von uns hatte einen Führerschein. Keiner hatte ein Auto, und selbst wenn die Eltern von einem von uns ein Auto hatten, ließen sie ihre Kinder garantiert nicht fahren. Das Auto war zu kostbar. Meine Eltern hatten erst viel später ein Auto.

Ich arbeitete weiterhin an meiner Zeitung *Die Mücke* und außerdem für die Schulzeitung *Die Hornisse*, zu der ich Artikel über Theateraufführungen lieferte, weil ich gern ins Theater und in die Oper ging. Für mich war *Die Hornisse* nur eine größere Version von der *Mücke*. Ich begann, Geschichten zu veröffentlichen, die ich über meine Erlebnisse und über ganz allgemeine Dinge schrieb. Gisela schrieb gerne Gedichte, die ich dann auch veröffentlichte.

Im Sommer machte ich Radtouren in ganz Deutschland und bis nach Dänemark und Schweden. Das alles war sehr abenteuerlich, und über diese Reisen schrieb ich ebenfalls Artikel. Bei meiner ersten Tour mit 15 fuhr ich allein mit dem Rad durch

Westdeutschland. Ehe es losging, war ich nicht sicher, ob meine Eltern mir das erlauben würden. Ich war darauf vorbereitet, die Reise zu rechtfertigen und ihnen zu sagen, warum mir nichts passieren würde. Als ich ihnen dann sagte, dass ich losfahren wollte, gab es kein Wenn und Aber, keine einzige Frage, nur »Na, dann mal los.« Und das war's.

Mit dem Fahrrad konnte man nicht von West-Berlin nach Westdeutschland fahren. Ich musste deshalb versuchen, einen LKW-Fahrer zu überreden, mich mitzunehmen. Es war für mich überraschend, dass viele Fahrer bereit waren, das zu machen. Ohne dass ich etwas bezahlen musste.

Meistens war ich allein unterwegs, aber manchmal tat ich mich auch mit jemandem zusammen. Wenn wir in die bergigen Gegenden in Süddeutschland kamen, warteten wir auf einen langsamen LKW und hielten uns dann hinten fest und hatten eine kostenlose Mitfahrgelegenheit bergauf, was eine riesige Hilfe war. Mein Fahrrad hatte keine Gangschaltung. Die Kraftfahrer hassten das, aber sie konnten nicht viel dagegen tun. Manchmal war ich auch nachts mit dem Rad unterwegs.

Einmal schrieb ich eine Geschichte über Onkel Hugo (der noch immer Briefe an den Herausgeber beisteuerte). Er hatte mir Geld für eine Fahrradlampe gegeben. Ich kaufte sie am nächsten Tag, und es stellte sich heraus, dass er mir den Betrag genau passend gegeben hatte. Er wusste bis auf den Pfennig genau, wie viel so eine Lampe kostete.

Ich veröffentlichte auch ein Tagebuch. Wir übernachteten in Jugendherbergen, die unglaublich billig waren. Wir konnten für etwa vierzig Pfennig eine heiße Suppe bekommen. Unterwegs bedienten wir uns an dem reifen Obst, das am Straßenrand auf Bauernhöfen und in Gärten wuchs, und füllten unsere Feldflaschen mit Milch aus den Kannen, die von den Bauern für die Molkerei zur Abholung bereitgestellt waren.

Alle meinten, meine »Besessenheit mit der Zeitung« gehe vorbei, das sei eine dieser Phasen, die »er durchmacht«. Aber für mich war es eine Möglichkeit, Geld zu verdienen, da meine Eltern es sich nicht leisten konnten, mich finanziell zu unterstützen. Und im Laufe der Zeit war *Die Mücke* dann ziemlich lukrativ.

Meine Familie lebte sparsam, weil der Job meines Vaters nicht wirklich gut bezahlt war und meine Mutter auf Drängen meines Vaters aufgehört hatte zu arbeiten. Wir hatten nun wieder ganz die Kontrolle über das Haus; aber um unser Einkommen aufzubessern, vermieteten meine Eltern den kleineren Flügel des Haupthauses, in dem früher meine Großmutter gelebt hatte. Ebenso wie das kleine Haus auf dem Grundstück. Ökonomisch gesehen waren die 50er-Jahre eine harte Zeit.

Unerwartete Entwicklungen

Ich wollte Journalist werden, aber meine dahingehenden Pläne waren nicht durchdacht. Als ich Onkel Hugo erzählte, dass ich nach dem Abitur Journalismus studieren wollte, brachte er mich sehr geschickt davon ab. Er meinte: »Journalist ist ein toller Beruf.« Aber er riet mir davon ab, als Generalist über jedes Thema zu schreiben. Er meinte vielmehr, ich solle mich spezialisieren und mich in Fachgebiete wie Sport oder Wirtschaft einarbeiten. Wirtschaftsjournalist könnte er sich für mich vorstellen. Ich solle doch Betriebswirtschaft studieren, auf diesem Gebiet umfassendes Wissen erwerben und dann darüber schreiben. Auf diese Weise würde ich mehr verdienen, und auch das Ansehen wäre höher. Das klang sinnvoll. Also sprachen wir über ein Ausbildungsprogramm im Bereich Business Management, und Onkel Hugo hielt eine Ausbildung bei einer Bank für das Beste. So gelang es ihm, mich in die Geschäftswelt zu lenken, wo er mich die ganze Zeit schon gesehen hatte.

In Deutschland war es damals durchaus üblich, die akademische Ausbildung zwischen Gymnasium und Universität zu unterbrechen, um eine Lehre im Handwerk oder einem anderen Gewerbe zu machen. Es gab eine breite Lehrmeinung, die ich nicht für schlecht halte, dass junge Leute zwischen Schule und Universität praktische Erfahrungen sammeln sollten. Die heutigen wohlorganisierten, von der Industrie und der Regierung geförderten Lehrlingsprogramme in allen Bereichen gehen darauf zurück.

Mit Onkel Hugos Vermittlung begann ich eine Banklehre bei der Berliner Bank AG. Ich arbeitete fünf Tage die Woche und samstags halbtags in der Bank; an zwei Tagen ging ich morgens in eine Berufsschule, wo wir Rechnungswesen, Wirtschaftsrecht und andere Dinge lernten, für die am Arbeitsplatz keine Zeit war. Ich verdiente sechzig D-Mark im Monat. Dies reichte zum Leben nicht aus, aber von den Eltern der Auszubildenden oder Lehrlinge wurde erwartet, dass sie die Lebenshaltungskosten übernahmen.

Dem Konzept der Ausbildung entsprechend sollte man jede Tätigkeit in der Bank kennenlernen, von der Pike auf. Also fing ich in der Poststelle an, wo ich Bankbelege in Umschläge steckte und ähnliches. Damals gab es ja keine Computer. Jedes Mal, wenn ein Kunde oder ein Unternehmen Kontoumsätze hatte, druckte eine Maschine einen neuen Bankauszug, der dann mit einer Adressplatte aus Metall als Matrize adressiert wurde. Diese Adressplatten steckten in langen Zügen. Ich legte die richtige Adressplatte und den Kontobeleg in die Adressiermaschine, stempelte die Adresse auf den Auszug und schickte ihn los. Das war mein Job: die richtige Metallplatte finden, den Auszug adressieren und versenden. Als ich später in den USA bei Pitney-Bowes arbeitete, kauften wir die Adrema Werke, die diese Platten herstellten. Man schickte mich für zwei Monate zurück nach Berlin, um ein Standardkostensystem einzuführen. Als dann Adressierplatten durch Computer überflüssig wurden, war das das Ende der Adrema Werke.

Nach der Poststelle wurde ich der Eintreiber von Wechseln. In der Nachkriegszeit hatten die meisten Leute in Deutschland keinen Kredit bei der Bank, und Kreditkarten gab es nicht. Wenn man Möbel oder andere größere Dinge bestellen oder kaufen wollte, ging man zur Bank und unterschrieb einen Wechsel. Brauchte man beispielsweise 1000 Mark, so erhielt man zehn Wechsel über je 100 Mark, die monatlich zu zahlen waren. Der Kunde sollte zur Bank kommen, wenn ein Wechsel fällig war, und bezahlen. Das wäre gut gewesen, aber die meisten Leute hielten sich nicht daran. Also musste ich als Lehrling zu den Leuten nach Hause gehen, an der Tür klingeln, die Rechnung vorlegen und versuchen, das Geld einzutreiben.

Die Filiale, der ich zugeteilt war, lag an der Ecke Tauentzien-, Nürnberger Straße, genau im damaligen Rotlichtbezirk. Wir mussten immer gut überlegen, wann die Leute zu Hause waren. Ich wusste, dass die Prostituierten wahrscheinlich früh morgens da waren, weil sie nachts arbeiteten. Also kreuzte ich zwischen acht und halb neun morgens auf und klingelte an der Tür, manchmal fünf oder sechs Mal. Anfangs war ich mir nicht immer sicher, ob es die Wohnung der betreffenden Frau war. Es gab Prostituierte, die unter fremden Namen logierten. Aber wenn das betreffende Mädchen da war, kam sie gewöhnlich im Morgenrock an die Tür, mit schläfrigen Augen und verlaufener Wimperntusche. Ich sagte dann: »Hallo, ich bin von der Berliner Bank. Ich möchte diesen Wechsel zur Zahlung vorlegen.« Und sie seufzte und suchte das Geld zusammen, manchmal mit Griff in ihren Büstenhalter. Ich muss sagen, dass mich diese Erfahrungen ein für alle Mal lehrten, nie eine Prostituierte aufzusuchen.

Es gab aber auch einen Vorteil, sich mit den Prostituierten gut zu stellen. Ich hatte einen Motorroller, mit dem ich zur Arbeit oder auch abends in die Oper und ins Theater fuhr. Dann parkte ich den Roller manchmal unter der Brücke am Bahnhof Zoo. Man kann einen Motorroller nicht gut abschließen, aber manche Mädchen hielten sich längere Zeit unter der Brücke auf, insbesondere wenn es regnete. Ich grüßte sie, wechselte ein paar Worte und manchmal boten sie dann an, meinen Motorroller im Auge zu behalten. Sie hatten alle viel Humor, auch wenn ich bei keiner von ihnen je Kunde war. Ich denke, dass sie das auch nicht erwarteten. Sie wussten, dass ich kein Geld hatte.

Gelegentlich kam es vor, dass die Bankfiliale, in der ich arbeitete, knapp an Bargeld war, und dann mussten zwei Lehrlinge zur Zentrale gehen, die etwa zehn Minuten zu Fuß entfernt an der Hardenbergstraße lag. Wir holten Banknoten im Wert von mehreren hunderttausend D-Mark ab. Das war für die meisten Bürger eine horrende Summe, wir aber stopften sie in eine normale Aktentasche. Dann gingen wir so lässig wie möglich durch die überfüllte Umgebung am Bahnhof Zoo zu unserer Filiale zurück. Die Bankangestellten sagten uns, dies sei die sicherste Art, Geld über kurze Strecken zu transportieren, weil niemand auf die Idee kam, dass zwei junge Leute so viel Geld bei sich trugen. Aber wir mussten immer zu zweit sein!

In der Poststelle arbeiten, Geld bei Prostituierten einkassieren und Bargeld transportieren, das war aber nur der Anfang der Bankausbildung. Im Laufe der zwei Jahre lernte ich alle Aspekte des Bankwesens kennen. Ich arbeitete in der Kreditabteilung, in der Darlehensabteilung, im Kassenbereich und in der Verwaltung. Am Ende musste ich eine Prüfung ablegen; ich bestand sie und bekam einen Titel: Bankkaufmann. Titel sind in Deutschland sehr wichtig.

Während dieser zwei Jahre fühlte ich mich in der Welt von Wirtschaft und Finanzen wohl, so wie Onkel Hugo es sich insgeheim wohl vorgestellt hatte, und ich ließ die Idee einer Karriere als Journalist endgültig fallen. Stattdessen begann ich gegen Ende meiner Lehre mit dem Gedanken an ein Universitätsstudium zu spielen. In dem Moment ergab sich ganz unerwartet die Möglichkeit, in die Vereinigten Staaten zu gehen und an der Duke University zu studieren.

1956 war mein Bruder, der bereits eine Vollzeitstelle als Jurist hatte, für ein Jahr nach New York gegangen, weil viele seiner Mandanten dort lebten. Er hatte geheiratet, kurz bevor er in die USA ging. Das junge Ehepaar feierte die Flitterwochen auf einer Schiffsreise nach Amerika.

Im Frühjahr 1957 lud Dr. Hans Lowenbach, ein prominenter Psychiater und Professor der Psychiatrie an der Duke University, die beiden nach North Carolina ein, um mit ihm und seiner Familie das Osterfest zu verbringen. Er war ein säkularer deutscher Jude, der mit der Familie meiner Schwägerin in Deutschland befreundet gewesen war. Als Jürgen und seine Frau den wunderschönen Campus in Duke sahen, dachte mein Bruder an mich, dem das wohl gefallen würde. Ein Studienjahr dort würde mir außerdem helfen, mein Englisch zu verbessern. Jürgen hatte erkannt, dass in einer globalisierenden Welt Sprachen extrem wichtig waren, und so fragte er Lowenbach, »Meinen Sie, er könnte irgendwo in den USA für ein Jahr studieren?« Der hielt das durchaus für möglich und erkundigte sich bei Jürgen nach meinem Hintergrund. Lowenbach kannte sich mit dem deutschen Bildungssystem aus, sodass er, als Jürgen ihm meine Ausbildung beschrieb, sagte: »Kein Problem.« Er meinte, ich würde in Amerika an jedem College zugelassen und solle mich in Duke bewerben; er würde ein gutes Wort für mich einlegen.

Ich selber hatte nie viel über Amerika nachgedacht, auch wenn viele Deutsche mit dem Gedanken liebäugelten, in die USA, nach Kanada oder Australien zu gehen. Neben den USA war Kanada bei manchen Deutschen beliebt, einfach deshalb, weil es nicht die USA war und genauso viel Platz bot. Sie behaupteten, dort sei die Kultur »europäischer«. Australien fand man wiederum deshalb verlockend, weil es ein exotisches, weit entferntes Land war.

Mein Bruder schickte mir einen Brief, in dem er von seinen Erkundigungen berichtete: »Es gibt hier ein paar Universitäten, bei denen du dich bewerben solltest. Schreib einen Brief und erkläre alles.« Soweit ich mich erinnere, hatte er Harvard, Yale und Princeton aufgelistet, die Top-Adressen. Auch die University of Michigan stand auf der Liste neben ein paar anderen Außenseitern. Und Duke.

Ich hatte noch nie von der Duke University gehört, aber allmählich war ich von der USA-Idee ziemlich begeistert. Es ging ja erst einmal um ein Jahr, und meine Eltern waren damit einverstanden. Wir waren ja alle mit dem System in Deutschland vertraut, in dem man sich an der Universität bewirbt, ein paar Semester absolviert und dann an einer anderen Universität weiterstudiert. Ich hatte keine Ahnung, was Freshman und Sophomore heißt, oder vom strengen Aufbau und Studienplan eines College. Ich dachte, ich würde rübergeben, ein paar Englischkurse belegen – alles im Wesentlichen mit Blick auf den Spracherwerb – und vielleicht etwas über das amerikanische Regierungssystem lernen.

Damals kannte ich ein Mädchen aus Philadelphia, Sandy Calloway, eine Austauschschülerin einer Quäker-Organisation, dem American Friends Service Committee. Diese Organisation sollte später noch eine größere Rolle in meinem Leben spielen. Die Glaubensgemeinschaft der Quäker wurde im 17. Jahrhundert in England gegründet und ist im Wesentlichen für Pazifismus, Toleranz und Sozialarbeit bekannt. Sie bekam 1947 den Friedensnobelpreis. Nach dem Krieg erhielten wir Kinder gelegentlich die damals sehnsüchtig erwartete »Quäkerspeisung«.

Sandy war sehr hübsch, und bemerkenswert an ihr war auch, dass sie im Alter von vierzehn Jahren ein kleines Flugzeug solo von der Westküste bis zur Ostküste der USA gesteuert hatte. Sie war die Jüngste, die das jemals geschafft hat. Ich weiß nicht mehr, wie ich sie kennenlernte. Ich bat sie, mir bei meinen Bewerbungen mit der englischen Sprache zu helfen. Das Ergebnis war, dass ich an zwei oder drei Universitäten angenommen wurde. Aber ohne finanzielle Hilfe war die Zusage für mich nutzlos, keine von ihnen bot mir ein Stipendium, ohne mich persönlich gesehen zu haben. Außer Duke, dank Dr. Lowenbach.

Ich musste mich um ein Studentenvisum bewerben, was eine ärztliche Untersuchung voraussetzte. Die bestand ich erst einmal nicht. Aus irgendeinem Grund entdeckte man etwas an meiner Lunge, und das hätte die ganze Sache fast gekippt. Dr. Unholtz, der Vater meiner eigentlichen Freundin Linde, wollte sich das nochmal ansehen und konnte mir schließlich bedenkenlos eine Gesundheitsbescheinigung ausstellen. Also war ich mit 21 bereit, Amerika zu erobern – so dachte ich zumindest.

Teil II – Amerika

Richtung Westen

Das Passagierschiff *Italia* lief vom Nordseehafen Bremerhaven aus. Die Fahrkarte nach Amerika kostete 200 Dollar für einen Platz in einer Sechs-Mann-Kabine, tief im Bauch des Schiffes. So viel Geld konnten meine Eltern nicht aufbringen. Aber mit den Rücklagen aus dem Geld, das ich bei der Bank verdient hatte, konnte ich mir den Fahrschein selbst leisten.

Im August 1957, kurz nach meinem 21. Geburtstag, ging die Atlantiküberquerung los. Die Reise dauerte elf Tage, weil wir zwei Zwischenstationen hatten: zuerst in Cherbourg, Frankreich, und dann in Southampton, England. Für mich war es ein großartiges Erlebnis.

Dutzende junge Leute waren an Bord, und wir hatten jeden Abend Partys. Kurz vor dem Ziel tanzten wir bis zum Morgengrauen, denn um 7 Uhr früh sollten wir in New York einlaufen. Kurz vor Sonnenaufgang standen wir alle an der Reling, um zu sehen, wer Amerika als erster erspähen würde. Es war noch stockdunkel, aber wir konnten Autolichter sehen. Später fand ich heraus, dass sie irgendwo auf Long Island gewesen sein mussten, vielleicht fuhren die Leute zur Arbeit. Das Schiff wurde langsamer; es fuhr in den Hafen von New York ein und an der Freiheitsstatue vorbei. Während unser Schiff den Hudson bis zum Pier an der 34. Straße hinaufglitt, klebten wir an der Manhattan-Seite des Schiffs. Es war einfach überwältigend; das setzte ordentlich Adrenalin frei. Mir kam es vor, als wäre jetzt alles möglich.

Wir stiegen aus, erledigten die Einwanderungsformalitäten und mussten unser Gepäck finden. Auf dem Pier hatte die Crew das Gepäck von allen Passagieren aufgereiht, und zwar in der Reihenfolge des ersten Buchstabens des Nachnamens. Das ergab für mich gleich ein Problem. Mein vollständiger Name war damals Ingolf Müller-von der Heyden. Der Nachname meines Vaters war Müller, meine Mutter war eine geborene von der Heyden. Da Müller der häufigste Name in Deutschland war, regte die Regierung (und auch die Lufthansa, bei der mein Vater arbeitete) in den 20er-Jahren die Leute mit dem Namen Müller an, diesen mit dem Namen der Ehefrau zu verbinden. Also nannte sich mein Vater Werner Müller-von der Heyden. Meine Mutter wurde Erika Müller-von der Heyden. Und mein Vorname war Ingolf, nicht Karl. (Das kam erst später.) Also brauchte ich eine Weile, bis ich auf dem Pier mein Gepäck fand, weil niemand wusste, wie mein Nachname anfing – mit dem Buchstaben M oder V oder H. Bereits jetzt war klar, dass mein Name für Amerika zu kompliziert war. Jahrzehnte früher hätte ein Immigrationsbeamter auf Ellis Island wohl meinen Namen für mich vereinfacht.

Mein Busticket von New York nach Durham, North Carolina hatte ich schon auf dem Schiff bei einem Greyhound-Agenten gekauft. Nachdem ich also mein Gepäck gefunden hatte, ging ich zum Busbahnhof und stellte es ein, denn mein Bus sollte erst abends losfahren. Als erstes machte ich mich dann auf zum Empire State Building und fuhr mit dem Aufzug hoch. Das Wetter war zwar diesig, aber der Blick auf die Skyline von Manhattan war trotzdem ziemlich gut. Zwei sehr amerikanisch aussehende ältere Damen waren ebenfalls auf der Plattform. Ihre grauen Haare waren bläulich getönt, wie man es damals oft sah. Wie ich da so stand, fragten sie: »Entschuldigung, sind das die Vereinten Nationen?« Und sie zeigten auf das Chrysler Building. Ich erkannte das Gebäude, da ich Bilder davon gesehen hatte, verneinte und zeigte auf das richtige Gebäude. Sie schauten mich an und bedankten sich. Vermutlich hielten sie mich für einen gebürtigen New Yorker. Dabei war ich erst seit zwei Stunden in den USA. Ich dachte: »Mensch, nach zwei Stunden gebe ich schon Auskünfte. Das ist meine Stadt, toll!« Mir gefiel es hier sofort.

Als nächstes machte ich eine Mittagspause. Ich ging in ein bescheidenes Restaurant, wo ich mir etwas zu essen bestellte. Als die Rechnung kam, wusste ich nicht, wie ich es mit dem Trinkgeld halten sollte. In Deutschland wäre ja die Bedienung eingeschlossen, auch wenn man dann dem Kellner oder der

Kellnerin noch ein zusätzliches Trinkgeld gab. Also legte ich mir etwas Geld zurecht, das dann, wie ich später merkte, als Trinkgeld völlig unzureichend war. Ich wollte es der Kellnerin geben, aber sie war sehr beschäftigt. Sie hatte schon das Wechselgeld für meine Rechnung auf dem Tisch gelassen, sodass sie nicht zu mir zurückkommen würde. Ich wusste nicht, was ich machen sollte. Schließlich konnte ich ihren Blick erhaschen und sagte: »Ich habe ein Trinkgeld für Sie«, und sie daraufhin »Lass es auf dem Tisch.« Sicher war ihr klar, dass sie es mit einem völlig ahnungslosen Ausländer zu tun hatte, und für den konnte sie keine Zeit verschwenden.

Ich weiß nicht mehr, was ich den restlichen Nachmittag trieb. Ins Museum ging ich nicht; vermutlich wanderte ich nur durch die Stadt, da ich nach dem Lunch gar nicht mehr viel Zeit hatte.

Der Bus nach North Carolina muss so gegen sechs oder sieben losgefahren sein. Sobald ich meinen Platz eingenommen hatte, schlief ich ein; die Nachtfahrt dauerte so um die zwölf Stunden. Der Bus kam mir ganz ordentlich vor, aber ich hatte keinen Vergleich; in Deutschland war ich noch nie mit einem Fernbus gefahren. Als ich aufwachte, war es früh am Morgen; vermutlich waren wir schon in North Carolina. 1957 gab es noch keine Autobahnen; als ich nach draußen schaute, waren wir auf einer zweispurigen Landstraße. Links und rechts waren Farmen. Ich sah zum ersten Mal Baumwollfelder – mit ihren weißen Baumwollbällchen – und viele Tabakfelder. Ich sah Hütten mit Schwarzen. Viele Felder waren verpachtete Farmen. Ich merkte sofort, dass ich in einer ganz anderen Welt war, einer Welt, die ich mir nie hätte erträumen lassen.

Als ich an der Duke University ankam, wirkte der Campus wie ein gotisches Wunderland.

Die ganze Anlage war sehr schön im gotischen Stil, aber mir kam es irgendwie falsch vor, weil es im 20. Jahrhundert gebaut war. Ich fragte mich, wie man mit etwas Gefühl für Architektur und Geschichte auf die Idee kommen konnte, im 20. Jahrhundert gotische Architektur nachzuahmen. Damals war der Campus gerade mal neunundzwanzig Jahre alt. In Europa wäre wohl zu der Zeit niemand auf die Idee gekommen, etwas in diesem alten Stil zu bauen.

Ich stieg mit meinem einzigen Gepäckstück aus dem Bus aus und hatte das Gefühl, ich würde ersticken. Ich trug vermutlich Jackett und Schlips, und es war, als beträte man ein Dampfbad. Eine so extreme Feuchtigkeit hatte ich noch nie erlebt, in Sekunden klebten mein Hemd, meine Hose, alles am Körper, und ich fühlte mich lausig. Aber ich musste das Verwaltungsgebäude finden, um mich beim Studiendekan zu melden.

Als ich ankam, fragte der Dekan: »Wo waren Sie? Seit vier Tagen läuft die Orientierungswoche für Studienanfänger.« Und ich meinte: »Was ist denn das?« Ich hatte keine Ahnung von amerikanischen Universitäten – null. Man hatte mir einen Brief geschickt, in dem mein Ankunftsdatum genannt wurde, aber ich hatte es nicht so ernst genommen. Schließlich waren die Gymnasien in Deutschland streng organisiert, aber an den Universitäten lief es doch nach dem Prinzip *laissez-faire* – im Sinne der akademischen Freiheit. Ich sollte hinzufügen, dass man damals in Deutschland davon ausging, dass man erwachsen ist, wenn man mit dem Universitätsstudium beginnt, und entsprechend dem Studium ohne viel Aufsicht nachgehen sollte. Hätte ich in Deutschland studiert, wäre die Erwartung gewesen, ernsthaft an der Forschung interessiert zu sein, Vorlesungen zu besuchen und Leistungen zu erbringen, ohne formale Zeitvorgaben. Wenn das die Regel ist, braucht man nicht die rigorose Bevormundung, wie sie in deutschen Gymnasien oder an amerikanischen Colleges üblich ist.

Der Dekan bemerkte meine Verwirrung, aber sagte nur: »Übrigens findet ein Mathematik-Einstufungstest statt, der in fünfzehn Minuten beginnt. Sie müssen da hingehen und den Test schreiben.« Er nahm meinen Koffer, zeigte mir das Physik-Gebäude und sagte, ich solle nach dem Test zurückkommen. Es war ein längerer Weg, und ich schaffte es gerade noch rechtzeitig. Man gab mir einen Bleistift und ein kleines blaues Heft und ließ mich an einem der kleinen Schreibpulte Platz nehmen. Alle in dem Raum waren schon fieberhaft damit befasst, Probleme

Studentenwohnheim auf dem Campus der Duke University.

zu lösen. Dann fiel mir auf, dass die Prüfung auf Englisch war, natürlich.

Es ging mit einfachen Sachen los. Aber die einfachen Sachen erwiesen sich für mich als unüberwindlich, weil es Fragen gab wie: »Wenn dies sechs Inch und das neun Inch ist, usw.? Wie groß ist die Entfernung?« Aber von »Inch« hatte ich noch nie etwas gehört. Von einem »Fuß« und einer »Unze« auch nicht. Ich hatte keine Ahnung von dem hier gültigen Maßsystem. Ich konnte keine einzige Frage beantworten. Als ich zur abstrakten Mathematik in dem Test kam, ging es schon besser; ich ging davon aus, dass ich die ersten Teile vermasselt hatte, aber vermutlich die anderen, schwierigeren, schaffen würde.

Als ich ins Büro des Dekans zurückkam, sagte ich ihm, dass ich nicht wusste, wie die amerikanischen Maßeinheiten funktionierten. Und er meinte: »Wir schauen uns das an, und wir kümmern uns darum.« Ich erwähnte auch, dass ich meinen Namen zu Ingolf Mueller abkürzen wollte, mit einem »ue« anstelle des Umlauts.

Dann erkundigte er sich, wie viel Geld ich dabei hätte. Ich sagte: »Zwanzig Dollar«

Er war sprachlos: »Was?«

»Zwanzig Dollar, weil ich ein Stipendium habe.«

»Aber das gilt nur für die *tuition*. Wissen Sie, was das ist?

Ich sagte: »Nein, ich weiß nicht, was *tuition* ist.«

»Das sind nur die Studiengebühren.«

Damals betrugen die Studiengebühren ein paar tausend Dollar, und das war mein Stipendium. Für mich war es ein Vermögen. Ich dachte, das würde alle Kosten decken. Ich dachte, für 2.000 Dollar könnte ich wie ein König leben, da in Deutschland die Studiengebühren sehr gering waren, weil alles von der Regierung subventioniert wurde.

Er sagte: »Das reicht nicht für die Bücher und auch nicht für die Lebenshaltungskosten.« Und wie er da so saß, wurde er immer blasser. Und dann meinte er: »Da müssen wir uns etwas einfallen lassen, nicht wahr? Ich schaue mal, was für einen Teilzeitjob wir für Sie finden können, denn Sie müssen hier Geld verdienen.«

Aber zuerst musste ich zum Gebäude P, in dem mein Zimmer lag. Es war mehr als höllenheiß; Air-Conditioning gab es nicht. Dort traf ich einen Studienberater, einen netten Studenten in einem höheren Semester, der eine Armbinde trug und sehr offiziell aussah. Mein Zimmer war P-108 im Erdgeschoss. Ich packte erst einmal aus.

In meinem Gepäck war auch eine Flasche guten deutschen Weißweins als Dankeschön für Dr. Lowenbach. Ich stellte den Wein auf die Kommode, und der Studienberater bekam fast einen Herzinfarkt. Damals war Duke eine mehr oder weniger methodistische Hochschule[2]. Er sagte: »Alkohol ist auf dem Campus nicht erlaubt.« Ich sagte, es sei ein Geschenk für Dr. Lowenbach. Der Student sagte, das sei ihm gleichgültig und ich hätte ein ech-

Mit Kommilitonen vor der Duke Chapel.

tes Problem. Er sagte: »Ich muss dich anzeigen nach dem Ehren-
kodex. Und das bedeutet automatisch den Rausschmiss.«

Ich verstand überhaupt nichts mehr. »Was? Was sagst du da?«

»Ach, ich ... ich weiß auch nicht, ich kann dich nicht *nicht*
anzeigen, aber ich weiß auch, dass du das nicht wissen konntest.
Mal sehen, was sich machen lässt.«

Zum Glück konnte mein Studienberater die Angelegenheit
zurechtrücken. Am nächsten Wochenende lud mich Dr. Lowenbach zu sich nach Hause ein, ich übergab ihm die Flasche und
erzählte ihm die Geschichte. Er lachte: »Tja, so ist das hier im
Süden. Da können wir nichts machen.«

Mein erster Tag hatte es in sich. Nichts war einfach, und ich
war ziemlich irritiert. Dazu kam das Sprachproblem. Zum ersten Mal hörte ich den Südstaaten-Akzent, der schwer zu verstehen war. Dann tauchte mein Zimmergefährte auf.

Ich hatte keine Ahnung, dass ich einen Zimmerkameraden
haben würde. Ich hatte angenommen, dass ich mir mit meinem

2.000-Dollar Stipendium eine nette Wohnung leisten könnte und dass ich ein Jahr lang ab und zu in eine Vorlesung gehen, Spaß haben, durch Amerika reisen und dann wieder nach Hause fahren würde.

Wie sich herausstellte, war mein Zimmergefährte glücklicherweise Jim Whitlock, der später im Außenministerium arbeiten sollte. Er hatte sich einen deutschen Stubengenossen gewünscht, um Deutsch zu lernen; Spanisch hatte er sich selbst schon beigebracht. Er war in einer kleinen Schule in Maxton, North Carolina unterfordert gewesen, denn er war sehr begabt und außerdem sympathisch. Er wollte Deutsch lernen, und ich war der einzige deutsche Student an der Duke University.

Jim war ein richtiger Typ. Wir kamen hervorragend miteinander aus. Unser einziger Streit ging darum, ob wir im Winter das Fenster offen oder geschlossen ließen. Diese Auseinandersetzung hatten wir ständig, hin und her, aber wir wurden trotzdem Freunde.

Mein drängendstes Problem zu Beginn des Studienjahres war, wie ich an einen oder mehrere Teilzeitjobs kommen würde. Der Dekan schlug mir einige Möglichkeiten vor. Als erstes boten sie mir an, in einer Kindertagesstätte Bücher vorzulesen. Das klappte überhaupt nicht, dazu war mein Englisch nicht gut genug. Es war eine bemerkenswert schlechte Idee. Nachdem ein paar andere Optionen auch nicht klappten, meinten sie: »Wir haben eine richtig gute Lösung für Sie. Sie können in der Krankenhaus-Cafeteria arbeiten. Es gibt da einige Jobs.«

Als erstes musste ich den Krankenhausangestellten die Essenstabletts abnehmen, wenn sie mit dem Essen fertig waren, nicht den Patienten, sondern den Ärzten, Krankenschwestern und Lernschwestern; sie brachten mir ihre Tabletts und ich stellte sie in einen Aufzug zur Küche. Manchmal stapelten die sich, weil es zu viele waren, und ich musste sie anders stapeln. Das war der »hochqualifizierte« Teil des Jobs. Manchmal musste ich in die Küche runter gehen und am anderen Ende arbeiten, die Tabletts aus dem Aufzug nehmen, alles Papier wegwerfen und die Geschirrspülmaschine beladen. Das machte weniger Spaß.

Der Job in der Cafeteria hatte allerdings einen echten Vorteil, denn ich konnte mich vor oder nach den Stoßzeiten hinsetzen und essen. So bekam ich Frühstück, Mittag- und Abendessen kostenlos. Dazu verdiente ich ein bisschen Geld. Es fanden sich immer ein paar Leute ein, die mich baten, mit ihnen zu essen und von mir zu erzählen. Sie waren echt neugierig. Auf diese Weise lernte ich mehrere wirklich nette Menschen kennen.

Ich erinnere mich, wie ich mir das erste Mal Tee holte. Es gab heißes Wasser und Teebeutel; so was hatte ich noch nie gesehen, wir hatten nur losen Tee, den wir in einer Blechdose aufbewahrten. Also machte ich den Teebeutel auf, sodass die Teeblätter im Wasser herum schwammen. Ich dachte: »Das ist halt Amerika. Es ist eine merkwürdige Art, Tee zu trinken...« Bis mir jemand zeigte, wie ein Teebeutel richtig funktioniert.

Das war nur einer der vielen kleinen Fehler, die mir passierten.

Im tiefen Süden

Ich hatte gerade angefangen, war aber schon völlig vom Studium gestresst, weil ich den Anforderungen der verschiedenen Kurse gerecht werden und einen Notendurchschnitt von »gut« halten musste. Nur dann würde das Stipendium weiterlaufen. Besondere Herausforderungen waren die Kurse in Volkswirtschaft und einer zum amerikanischen Regierungssystem. Dort sollten wir als erstes die *Federalist Papers*[3] lesen. Der Professor gab uns dafür eine Woche Zeit, obwohl das Buch etwa zweihundert Seiten dick war. Ich arbeitete jede Nacht durch, umringt von Lexika, um überhaupt erst einmal die Worte zu verstehen. Zudem hatte ich ja diese Teilzeitjobs.

Ich tat mich mit der Sprache schwer und hatte Probleme, den Vorlesungen zu folgen. Dann kamen noch die wöchentlichen Tests hinzu. Und als wäre das noch nicht genug, informierte man mich darüber, dass ich auch eine Fremdsprache belegen müsste. Ich ging zum Dekan: »Ich habe genug Probleme mit dem Englischen. Englisch *ist* meine Fremdsprache.«

»Nein, das zählt nicht.«

»Dann nehme ich Deutsch.«

»Nein, das ist Ihre Muttersprache.«

»Wie wäre es dann mit Latein oder Griechisch?«

Sie schauten sich meine Zeugnisse an und meinten: »Nein, in den beiden Sprachen sind Sie schon weiter, als wir hier in Duke lehren.«

Schließlich wählte ich Französisch, was bedeutete, dass ich Französisch ins Deutsche und dann ins Englische übersetzen musste. Später fand ich heraus, warum hier so viel Wert auf Fremdsprachen gelegt wurde: Die Studenten sollten in der Lage sein, Forschungsliteratur in der Originalsprache zu lesen, denn vieles – medizinische Lehrbücher zum Beispiel – wurde nicht ins

Englische übersetzt. Fremdsprachenunterricht zielte demnach nicht darauf, die Sprache zu sprechen, sondern nur zu lesen. Im Gegensatz dazu stand die Tradition in Europa mit seinen vielen verschiedenen modernen Sprachen, die man sprechen lernen sollte. Wenn man eine Sprache sprechen kann, kann man sie auch lesen.

Bemerkenswert war die Regel, dass alle Studienanfänger einen Kurs in Englisch absolvieren mussten, aber selbst dafür konnte ich mich nicht qualifizieren. Stattdessen kam ich in einen Kurs, der Englisch L – wie »learner« – genannt wurde. Dort saßen ein Student aus Venezuela, zwei junge Leute, die 1956 nach der Revolution aus Ungarn geflohen waren, und ich – sowie fast das ganze Freshman-Footballteam der Duke University. Sie alle waren nette Leute, ausschließlich Weiße, weil damals an der Universität noch Rassentrennung herrschte.

Unser Englischlehrer konnte hervorragend Grammatik unterrichten. Mit meinen neun Jahren Latein und sieben Jahren Griechisch war Grammatik definitiv etwas, das ich verstand. Daher wurde ich ein Spitzenschüler, nicht weil ich gut Englisch sprach, sondern weil ich die grammatischen Einzelheiten richtig schnell begriff.

Doch dieser Englischkurs war keineswegs nur Schufterei. Ich freundete mich mit Mickey Kun, einem der Ungarn, an. Als die Weihnachtsferien kamen, gehörten Mickey und ich zu den wenigen Studenten, die auf dem Campus blieben. Ich erzählte ihm, dass es in meiner Familie eine Tradition für Heiligabend gab: Wir gingen in die Kirche, was ein Fußweg von zwanzig Minuten war. Nun fragte ich mich, ob es etwas Ähnliches in Durham gab. Wie sich herausstellte, kannte Mickey die Tradition des Weihnachtsgottesdienstes auch. Also riefen wir bei ein paar Kirchen an. Schließlich sagte jemand: »Ja, wir haben um elf Uhr einen Gottesdienst.« Und sie nannten uns die Adresse.

Wir hatten kein Auto, also fuhren wir per Anhalter. Als ein Auto anhielt, stiegen wir ein und nannten die Adresse.

Der Fahrer sagte: »Da wollt ihr nicht wirklich hin.«

»Warum nicht?«

»Das ist mitten im schwarzen Teil der Stadt, die Kirche kenne ich.«

»Wir wollen bloß in die Kirche gehen.«

Er setzte uns an der Kirche ab. Wir traten ein und merkten, dass kein einziger Weißer dort war. Wir zögerten, aber der Pfarrer sah uns ganz am Ende stehen und winkte uns zu, wir sollten nach vorne kommen, und er setzte uns in die erste Reihe. Er kam von der Kanzel runter und fragte uns, wo wir herkämen. Wir sagten ihm, dass wir Studenten von Duke seien, einer aus Ungarn und einer aus Deutschland. Er sagte: »Willkommen im Hause des Herrn«, ging zurück auf die Kanzel und stellte uns der ganzen Gemeinde vor. Es gab Applaus.

Die Schwarzen waren viel lebhafter als irgendeine weiße Gemeinde, die ich je erlebt hatte. Sie sangen fantastisch. Wir erlebten einen wunderbaren Weihnachtsabend.

Ein paar Wochen später las ich in der Lokalzeitung, dass eine Schwarze, eine ganz bescheidene Frau, in einer weißen Kirche aufgetaucht war, vermutlich in einer Baptistenkirche. Die Frau setzte sich nicht, sondern stand hinter der letzten Reihe. Als der Pfarrer sie sah, ging er den Mittelgang entlang und forderte sie auf, die Kirche zu verlassen. Dann schloss er die Tür hinter ihr.

Das war also das Klima in jener Zeit. Das war der Süden.

Getrennt, nicht ebenbürtig

Ich wusste ein paar Dinge über die Rassenverhältnisse in der amerikanischen Geschichte: über den Bürgerkrieg, Präsident Abraham Lincoln, Sklaverei und Rassentrennung. Die Rassentrennung im Süden basierte auf dem juristischen Prinzip, dass die Rassen getrennt leben, aber gleiche Rechte haben sollten – aber so sah es in Wirklichkeit eben nicht aus. Bis ich in Durham ankam, ahnte ich nicht, dass North Carolina ein Staat war, in dem die Rassentrennung galt, und das auch an der Duke University. Erst allmählich wurde mir klar, dass aus genau diesem Grund nur so wenige internationale Studenten an Duke studierten: Das US-Außenministerium erlaubte kein offizielles Austauschprogramm mit einer Universität mit Rassentrennung.

Da ich aus Deutschland kam, dem Land der Nazis und deren Ideologie von Rassenreinheit, die wir gerade erst überwunden hatten, war es nicht leicht für mich, die amerikanische Rassentrennung zu begreifen. Ich wusste nicht, wie ich damit umgehen sollte. 1957 gab es in Durham in Kinos, Restaurants, etc. bereits Proteste gegen Rassendiskriminierung – von Duke-Studenten angeführt –, aber ich fand, dass ich als ausländischer Student nicht daran teilnehmen sollte. Es war meiner Meinung nach ein innenpolitisches Problem. Heute finde ich, dass ich mich da feige verhalten habe, und ich bedaure es noch immer.

Trotz der studentischen Bemühungen, die Rassentrennung abzuschaffen, war der Aufsichtsrat (Board of Trustees) der Universität nicht zu überzeugen; sie gingen nicht mit der Zeit, waren ängstlich, konservativ und reaktionär. Als ich viel später selbst Trustee im Duke-Aufsichtsrat war, erinnerte ich mich daran. Die Rolle von Aufsichtsräten ist es, zu führen, nicht zu folgen.

In den Kinos von Durham mussten die Schwarzen auf dem oberen Rang sitzen, selbst wenn die Studenten draußen demonstrierten. Für mich war unverständlich, dass es in Amerika, einem Land, das wir Deutschen als geschäftstüchtig und modern ansahen, eine systematische Diskriminierung gegen eine spezielle Bürgergruppe geben konnte. In den folgenden Jahren war ich immer wieder erstaunt, was man alles erlebt, wenn man im Süden der Vereinigten Staaten mit seiner Rassentrennung wohnt.

Als ich in der Diätetik-Abteilung des Krankenhauses arbeitete (einer meiner Teilzeitjobs), die im Keller lag, lernte ich einen Schwarzen kennen, der im Heizraum arbeitete. Zuerst hatten wir echte Probleme mit der Verständigung: Mein Englisch war schlecht, und sein Englisch – sehr südlich mit afro-amerikanischem Akzent – praktisch überhaupt nicht zu verstehen. Also saßen wir da und lächelten nur. Aber schließlich lernten wir uns doch ganz gut kennen. An seinen Namen kann ich mich nicht mehr erinnern, aber ich weiß noch, was er mir über sein Leben erzählte. Er war im Zweiten Weltkrieg als Soldat im Pazifik. Er erzählte mir, dass sein Sohn ein ziemlich erfolgreicher Baseball-Profi war, ich meine bei den Cincinnati Reds. Ich besaß die Dummheit zu fragen, ob sein Sohn auch an der Duke University studiert hatte. Und merkte dann sofort, dass er ja wegen der Apartheid hier nicht hätte studieren können. Also entschuldigte ich mich.

Dieses Gespräch beschäftigte mich sehr, denn hier ging es um den Sohn eines amerikanischen Soldaten, der nicht an einer Universität wie Duke studieren konnte. Und ich, als Gast aus dem kürzlich besiegten Nazi-Deutschland, durfte das. Die Ungerechtigkeit war offensichtlich und eklatant. Wir redeten nie darüber, und er war zu höflich, mich je danach zu fragen, was in Deutschland unter den Nazis los war.

In meinem ersten Studienjahr kam Louis Armstrong mit seiner Band nach Duke, wo sie in einem überdachten Stadion, in dem bis heute Basketball gespielt wird, ihren Auftritt hatten. Ich mochte Jazz und konnte das Konzert kaum erwarten. Auf der Galerie über mir sah ich den abgetrennten Teil, wo die Schwarzen, Leute aus der Stadt und Arbeiter von der Universität, ihre

Plätze angewiesen bekamen. Man ließ sie rein, aber sie durften sich nicht unter die Weißen mischen oder bessere Plätze reservieren: getrennt, aber nicht ebenbürtig. Aber Louis Armstrong hatte sich mit diesen Bedingungen einverstanden erklärt. Dadurch wurde mir klar, dass sich sogar die schwarzen Stars des Unterhaltungsgewerbes dem Süden anpassten.

Das Konzert war fantastisch. Ich ging anschließend zum Umkleideraum der Band und war erstaunt, dass unter den Studenten offenbar wenig Interesse bestand, Louis Armstrong zu treffen, immerhin war er bereits ein Weltstar. Ich klopfte an und trat ein. Und da war Satchmo Armstrong.

Er fragte: »Wie geht's?«

Ich war verblüfft, nannte meinen Namen und murmelte: »Ich komme aus Berlin, aus Deutschland, und ich bewundere Ihre Musik«, oder etwas in der Art.

»Ah, Berlin! Wir waren gerade in der Deutschlandhalle, vor ein paar Wochen.«

Er war wirklich ein Mann von Welt. Wir redeten eine Weile, und dann griff er nach einem der großen Hochglanzprogramme, die man kaufen konnte, und sagte zu den Bandmitgliedern, die mit ihm backstage waren: »Hört mal zu, hier ist dieser Junge aus Berlin. Ich möchte, dass ihr alle unter eure Fotos euer Autogramm setzt!« Er und die Sängerin Velma Middleton unterschrieben auch. Das Programm habe ich bis heute aufbewahrt. Auf das Titelblatt schrieb er mit großen Buchstaben: »To my German Fans, Louis Armstrong.« Und darunter, in noch größeren Buchstaben: »Satchmo«.

Ab und zu nahm mich mein Stubengenosse Jim Whitlock mit zu sich nach Hause nach Maxton, North Carolina. Sein Heimatort war zu einem Drittel weiß, einem Drittel schwarz und einem Drittel indianisch, und alles war nach Rassen getrennt – dreifach. Der Ort hatte drei gesonderte Bänke, drei gesonderte Trinkbrunnen, usw. Später hörten wir in Duke, dass in Maxton eine Mitgliederversammlung des Ku-Klux-Klans stattfand. Am Ende wurde es ein ziemlich berühmtes Ereignis, weil die Indianer sich da einen Spaß erlaubten. Sie zogen ihre Stammestracht

Mein Programm von Louis Armstrongs Konzert, von ihm signiert, 1958.

an, stiegen auf ihre Pferde und galoppierten in die Halle, wo die Klan-Versammlung abgehalten wurde. Um alles noch etwas aufzumischen, schossen sie die Lampen aus, die in tausend Glassplittern kaputt gingen, und tauchten damit den ganzen Raum in Dunkelheit, Verwirrung und Chaos. Und dann waren sie schon wieder verschwunden.

Ich habe selbst andere Beispiele von Rassismus miterlebt. Einmal lud mich ein Klassenkamerad zu sich nach Hause ein. Seine Familie war sehr warmherzig und nett. Sie sagten: »Willkommen! Du sollst wissen, dass noch nie ein Yankee unser Haus betreten hat. Und kein Yankee wird das je tun. Aber du bist ein geehrter Ausländer, und übrigens, dieser Hitler, der hatte irgendwie die richtigen Ansichten.« Ich sagte ihnen sofort, dass ich in Sachen Hitler vollkommen anderer Meinung sei. Da ließen sie das Thema fallen. Aber dieses Gespräch beunruhigte mich. Sie hassten Yankees, und dann waren sie auch noch totale Rassenfanatiker.

Im Medical Center von Duke lernte ich einen Professor der Biochemie kennen, Professor Beard, der wie ein Gott behandelt wurde, weil er mehr Forschungsgelder einwarb als jeder andere. Er bat mich, ihm Deutschunterricht zu geben. Ich sagte, »klar«, denn er zahlte gut. Jeden Sonntagmorgen ging ich zu seiner Farm außerhalb der Stadt. Wir saßen auf der Terrasse vor dem Haus und ich versuchte, ihm etwas Deutsch beizubringen. Er und seine Frau, die auch im Medical Center arbeitete, hatten keine Kinder. Ich glaube, dieser Mann war letztlich ziemlich einsam und brauchte nur jemanden, mit dem er reden konnte. Er lernte nicht viel Deutsch; wir redeten nur. Er war sehr gebildet und geschickt darin, seine Forschung zu vermarkten, aber gesellschaftliche Kontakte hatte er kaum. Er hatte schwarze Dienstmädchen und Angestellte, die er herablassend behandelte, was im Süden üblich war. Er war ein echter Rassist und absolut überzeugt, dass die Schwarzen eine niedere Rasse seien.

Für mich war es verwirrend, dass die amerikanischen Schwarzen, so wie mein Freund im Heizungskeller, zwar zum Kriegsdienst herangezogen wurden, durch den am Ende Nazi-

Deutschland geschlagen wurde, aber dann in ihrer Heimat so schäbig behandelt wurden. Unabhängig von dem Etikett »afrikanisch-amerikanisch« waren sie doch in erster Linie US-Bürger. Erst als ich alte Ausgaben einer deutschen Zeitung aus den Hitler-Jahren las, begann ich diese »parallele Ungerechtigkeit« zu verstehen, die zwischen den Erfahrungen der amerikanischen Schwarzen und der deutschen Juden bestand.

Aufklärung in den USA

Die Bibliothek in Duke war einladender zum Lernen als mein Zimmer, zumal damals zum Lernen Bücher gehörten und noch nicht das Internet. Also verbrachte ich viel Zeit dort. Immer wenn ich eine Pause einlegte, besuchte ich den Zeitschriftenlesesaal. Sie hatten einen ganzen Saal nur für Zeitungen und Zeitschriften aus aller Welt; dort gab es auch ein oder zwei deutsche Tageszeitungen, die mit vier Wochen Verspätung eintrafen. Jeden Tag ging ich in den Lesesaal, um nach den Fußballergebnissen zu schauen, auch wenn sie nicht aktuell waren. Dann schaute ich auch in die *New York Times*. Darüber hinaus sah ich mir die neuen Bücher an, die jeden Tag hereinkamen. Es gab einen Gang mit einem langen Regal, in dem alle neuen Bücher ausgestellt wurden. Fast alle waren Hardcover, und es faszinierte mich, welche Vielfalt für die Bibliothek bestellt wurde.

Damals hatte die Bibliothek offene Regale. Man konnte stundenlang durch die Regalreihen spazieren. Sie waren nach Themen geordnet, und eines Tages fand ich alte deutsche Zeitungen. Sie waren nicht auf Mikrofilmen gespeichert, sondern lagen im Original vor. Es waren Ausgaben der Nazi-Zeitung *Völkischer Beobachter*, und zwar von 1932 bis zum Kriegsende.

Ich war erstaunt, diese Zeitungen in Duke zu finden, erfuhr aber später, dass jemand sie gestiftet hatte. Der einzige Nachteil für mich war, dass es sich um die Münchner Ausgaben handelte, der Lokalteil also nicht Berlin betraf, was mich noch mehr interessiert hätte.

Die Zeitungen umfassten die gesamten zwölf Jahre der NS-Zeit. Ohne Ausnahme hatte jede Zeitung eine schrille Schlagzeile in großer schwarzer Schrift, die rot unterstrichen war. Die Schlagzeilen waren fast immer politisch und hatten mit den jüngsten Errungenschaften der NSDAP zu tun oder mit Reden von Hitler und diversen Erfolgen, die Deutschland erzielt hatte. Diese Hauptschlagzeilen waren nicht unbedingt rassistisch, jedenfalls nach meiner Erinnerung. Aber der Rassismus war offensichtlich, wenn man nur genau hinschaute, vielleicht nicht auf Seite eins, aber auf den Seiten zwei oder drei.

Da die NSDAP die Zeitung veröffentlichte, folgte sie genau der herrschenden Ideologie. Fast jeden Tag gab es Erklärungen über die neusten Einschränkungen für Juden. Beispielsweise war die Ankündigung des Innenministers abgedruckt, dass jüdische Professoren ab einem bestimmten Tag nicht mehr an den Universitäten lehren oder in anderen Berufen oder auch in der Musik tätig sein durften. Diese Texte waren im Ton sachlich verfasst. Aber die Zeitung brachte auch Kommentare, in denen erklärt wurde, warum die Restriktionen notwendig wären – und hier war der Antisemitismus wirklich eklatant. Es fanden sich auch jede Menge Geschichten über jüdische Bankiers sowie über diverse Untaten, die angeblich von Juden gegen die Menschlichkeit begangen wurden, und manches mehr in dieser Richtung.

Ich holte mir immer wieder Exemplare dieser Zeitung hervor, sobald ich Zeit hatte, und am Ende verbrachte ich zahllose Stunden damit. Ich las die jeweiligen Ausgaben nicht in irgendeiner strukturierten Weise sondern so, wie es sich gerade ergab. Ich wollte herausfinden, wie das alles passieren konnte. Die Zeitungen stammten aus der Zeit, als Hitler an die Macht kam, und aus seiner Regierungszeit, als er all die Untaten beging, von denen angeblich niemand in Deutschland etwas wusste. Stimmte das wirklich? Ich wollte auch mehr Klarheit darüber haben, was meine Eltern wussten, was sie hätten wissen sollen und wissen können. Hier stand alles, schwarz auf weiß.

Schon ehe ich diese Zeitungen entdeckte, war mir klar, dass mein Vater gewusst haben muss, was Hitler den Juden antat. Er muss gewusst haben, dass Hitler ihnen, vor allem den sowjetrussischen Juden, für alles Mögliche die Schuld zuschob. Mein Vater wäre der NSDAP wohl kaum beigetreten, wenn er nicht den Nazi-Vorurteilen, dem Antisemitismus und nationalistischem

Gedankengut zugestimmt hätte. In Hitlers *Mein Kampf* war ja alles schon vorgezeichnet.

Hitler hatte das Buch 1924 geschrieben, als er im Gefängnis in Landsberg in Bayern saß, 1925 wurde es veröffentlicht. Es war ein Bestseller. Man kann es sich kaum vorstellen, aber als Hitler an die Macht kam, wurde sein Buch jedem Paar bei der Eheschließung übergeben. Zentrales Thema ist die Aussage, dass die bolschewistische Revolution stark unter jüdischem Einfluss stand; er wetterte immer gegen die Bolschewisten.

Die deutschen Juden, vor allem die jüdischen Bankiers, beschuldigte Hitler, dass ihretwegen Deutschland den Ersten Weltkrieg verloren habe. Die meisten Deutschen waren offenbar derselben Ansicht, dass die Juden einen übermäßig starken Einfluss auf die Banken und die Medien hätten. Nach dem Ersten Weltkrieg ging das Gerücht um, dass das ›jüdische Bankenmonopol‹ die Alliierten finanziert habe. Die Logik dahinter ist nicht leicht zu verstehen, war doch damals der Antisemitismus auf deutscher Seite nicht größer als auf Seiten der Alliierten, und viele deutsche Juden hatten im Ersten Weltkrieg mitgekämpft. Sie waren oft sehr patriotisch, ganz unabhängig von ihrer Religionszugehörigkeit.

Aber das spielte keine Rolle. Hitler behauptete, dass das internationale Judentum – das Bankenmonopol – Deutschland ausquetsche und jeden Tropfen Blut aus der deutschen Wirtschaft heraussauge. Sein Verständnis des Wortes »international« hatte etwas sehr Bedrohliches. »International« bedeutete in diesem Zusammenhang, dass die deutschen Juden gegen den deutschen Nationalismus eingestellt seien und dass sie keine richtige Heimat hätten. Hitler zufolge war ihr Zuhause die Welt des Geldes. Und es kümmere die Juden wenig, wen sie dabei schädigten, so lange sie profitierten.

Tatsächlich war den Juden jahrhundertelang nur der Zugang zu gewissen Berufen gestattet, etwa im Handel und wenigen anderen Bereichen. In Regierungsämtern waren sie in Deutschland bis Ende des 19. Jahrhunderts nicht zugelassen. Auch in England gab es Vorurteile. Und so hatten sie keine andere Wahl, als diese

Berufe zu ergreifen und wurden zum Beispiel Banker. Sie mussten in einem Umfeld von Diskriminierung arbeiten, und dabei mussten sie doch Geld verdienen, und dies gelang ihnen ziemlich gut. Wenn sie dann zu Geld kamen, herrschte in der Öffentlichkeit das Gefühl, dass die Juden mit ihrem Reichtum protzten, indem sie große Häuser und edle Pferde kauften, und das den Leuten unter die Nase rieben. Dadurch entstanden Neid und Groll.

Für Juden war es schwer, in die gesellschaftlichen Kreise der »alten Welt« vorzudringen. Dies währte bis ins 20. Jahrhundert, und es war einer der Gründe, warum manche Juden ihren Namen änderten. Manche konvertierten sogar zum Christentum, um soziale Anerkennung zu finden.

Man war durchaus bereit, geschäftlich mit Juden zu verkehren, aber privat wollte man lieber nichts mit ihnen zu tun haben. Diese Einstellung galt als »normaler« Antisemitismus und war nicht nur in Deutschland, sondern auch zum Beispiel in Frankreich verbreitet. Dies wurde dort in der Dreyfus-Affäre Ende des 19. Jahrhunderts besonders deutlich.

Ich konnte nicht einschätzen, wie viel von der deutschen rassistischen Geschichte meinem Vater damals bekannt war. Er war Mitglied in der NSDAP und insofern war er ein Nazi. Die Bezeichnung Nazi ruft allerdings Bilder von Hass und Schandtaten hervor, was auf meinen Vater keineswegs zutrifft. Aber was in seinem Kopf vorging, konnte ich nicht nachvollziehen. Er hatte erzählt, wie er vor dem Krieg in Wien und weiter östlich zum ersten Mal orthodoxe Juden mit ihren Hüten, Bärten und Pejes (Schläfenlocken) gesehen hatte. Er habe darüber gelacht, wie komisch sie aussahen, wie sie in ihren altmodischen schwarzen Mänteln herumliefen, so vollkommen unzeitgemäß. In Wien sah man diese orthodoxen Juden häufiger als in Berlin. Da mag der Ursprung seines Antisemitismus liegen: in der »Fremdheit« der orthodoxen Juden und ihrer Unfähigkeit, sich der übrigen Gesellschaft anzupassen, ihrer Kompromisslosigkeit. Sie waren es, die von den Nazis karikiert wurden, für sie repräsentierten ihre Gesichter den typischen Juden. Die orthodoxen Juden ließen sich leichter verteufeln als die anderen.

Meine Mutter wusste womöglich nichts davon, was den Juden angetan wurde, aber sie duldete diesen so lange schon bestehenden »normalen« Antisemitismus, den Hitler sich zunutze machte. Sie hatte auch etwas gegen Katholiken. Und dies in ähnlichem Ausmaß. Sie hatte energische Meinungen. So pflegte sie zu sagen, »Katholiken sind falsch, sie sind nicht gerade.« Ich vermute, sie schimpfte mehr über die Katholiken einfach deshalb, weil es mehr Katholiken als Juden gab; sie hatte etwas gegen den Vatikan und gegen den Papst. Für sie waren sie »fremd«. Und die Juden sah sie wohl auch als fremd an. Sie war eine Frau ihrer Zeit. Aber sie trat nie der NSDAP bei; sie war ziemlich unpolitisch.

Onkel Hugo dagegen war vehement gegen Hitler und dessen Ideen. Ich bezweifle, dass er die obligatorische Naziflagge raushängte, und wenn die Nazis zu ihm gekommen wären, um ihn zu verwarnen, hätte er sicher gesagt, »Sehen Sie, ich habe im Ersten Weltkrieg gedient, lassen Sie mich in Ruhe.« Die Nazis respektierten die Veteranen des Ersten Weltkriegs, in gewissem Maße. Ein nicht-jüdischer Veteran, zumal einer, der beide Beine verloren hatte, amputiert bis zum Knie, war so ziemlich immun gegen Belästigung. Viel später berichtete mir Onkel Hugo, dass er in den 30er-Jahren heftige Auseinandersetzungen mit meinem Vater und einem anderen Freund, Eberhard Kranz, hatte. Onkel Hugo gab ihnen zu bedenken: »Dieser Hitler ist ein Betrüger. Was er Deutschland antut, ist schrecklich.« Und mein Vater antwortete: »Wie kannst du so etwas sagen? Er ist der Erlöser für Deutschland.« Aber dann stießen sie mit einem Glas Wein an. Natürlich wäre Onkel Hugo meinem Vater gegenüber nicht so offen gewesen, wenn er ihm nicht vollkommen vertraut hätte. Solches Vertrauen war in jenen Tagen sehr selten.

Ich kann mich nicht erinnern, ob das Judenthema während des Kriegs in unserer Familie aufgekommen ist, aber ich war in der Zeit ja noch sehr klein. Vor dem Krieg hatte Berlin eine aktive jüdische Gemeinde, die größte jüdische Bevölkerung aller deutschen Städte. Allerdings wusste ich nicht, dass in unserer Nähe Juden lebten; ich machte mir nie Gedanken darüber, wer jüdisch war und wer nicht. Und es wurde nie besonders hervorgehoben. Nach dem Krieg erwähnte meine Mutter, dass die Familie Linke, die neben uns in Spandau wohnte, jüdisch sei, ein Viertel jüdisch. Jeder musste ja einen Arier-Nachweis erbringen, aber die Linkes schafften es, diese Regelung zu umgehen. Die Familie wurde während des ganzen Krieges nicht behelligt. Niemand verriet sie.

Normalerweise musste man nachweisen, dass man selbst und die Eltern keine Juden waren. Wie dieser Nachweis erbracht wurde, weiß ich nicht. Auch die Großeltern durften nicht jüdisch sein. Und wenn jemand zu einem Viertel jüdisch war, musste man schon mit Verfolgung rechnen. Mit jüdischem Blut kam man auf die Liste, und daher ist es so ein seltener Fall, dass die Familie Linke ungeschoren blieb. »Arische« Frauen, die jüdische Männer heirateten, waren für das Regime ein echtes Problem.

Ein Beispiel dafür datiert vom März 1943: Als eine Gruppe jüdischer Ehemänner verhaftet wurde, versammelten sich deren nicht-jüdische Frauen vor dem Gefängnis, wo sie einsaßen, und demonstrierten gegen die Nazis. Sie riefen: »Wir wollen unsere Männer wieder haben.« Dies geschah in Berlin, und die Bevölkerung von Berlin unterstützte die Frauen grundsätzlich, in dem Sinne: »Das ist doch lächerlich. Sie sind verheiratet und sie gehören zusammen.« Die Parteifunktionäre lenkten ein und ließen die Männer frei. Der »Rosenstraßen-Protest« war einer der wenigen Fälle bürgerlichen Widerstands während des Kriegs.

Hunderte von Juden überlebten den Krieg in Berlin. Sie wurden nicht deportiert, weil sie, wie die Linkes, nicht angezeigt wurden. Nicht alle mussten sich dazu verstecken. Es gab viele Menschen, nicht nur Juden, die wie mein Bruder mit seinem Wehrdienst offenbar Wege fanden, dem System zu entgehen. Immerhin war Berlin eine politisch linke Stadt, was sie immer noch ist.

In Süddeutschland wäre eine solche Protestdemonstration nicht durchgegangen und auch dem Zugriff der Behörden jahrelang zu entkommen, wäre dort kaum möglich gewesen. In Bayern und Österreich war es am schlimmsten. Natürlich waren dies auch die Gegenden mit weniger Juden. In Berlin kannte man sich, und es gab viele persönliche Verbindungen und Freundschaften. Ich nehme an, deshalb haben so viele überlebt, aber da bin ich kein Experte.

Als ich die Zeitungen studierte, war natürlich die Frage, die mich am meisten beschäftigte, was die Deutschen, einschließlich meiner Eltern, über den Holocaust wussten. Nach dem Krieg wurde das Thema in der Schule nie angerührt, jedenfalls soweit ich mich erinnere. Niemand redete darüber. Aber ich wusste, dass es Konzentrationslager und den Holocaust gegeben hatte. Sobald der Krieg vorbei war, wurde das bekannt. Die Alliierten sorgten dafür. Eines ihrer wichtigsten Ziele war ja, die Wahrheit ans Licht zu bringen.

Gleich nach der Befreiung der Lager ordneten die Alliierten an, dass die Deutschen, die in der Nähe der Lager lebten, sie zu besichtigen hatten. In erster Linie waren es Frauen und Kinder, denen man die Lager zeigte. Trotzdem weigerten sich manche zu glauben, dass Deutsche solche Grausamkeiten begangen hatten. Weil die alliierten Truppen sie zu den Lagern schickten, behaupteten sie, das sei alles nur inszeniert und die Truppen hätten all dies wohl selbst getan. Es gab allerlei Verschwörungstheorien, ganz unabhängig von den Tatsachen.

Ermittlungen von Deutschen über ihre jüngste Vergangenheit fanden nicht statt. Es bestand kein Bedürfnis danach. Viele standen auf dem Standpunkt »Krieg ist Krieg.« Sie meinten, auch viele Millionen Zivilisten mussten ihr Leben lassen. Und daraus folgte, »Was mit den Juden geschehen ist, gehört zu diesem schrecklichen Krieg, den wir jetzt so schnell wie möglich vergessen wollen.« Jeder hatte um sein eigenes Überleben und das der Familie zu kämpfen. Selbst für mich als Kind verschwammen all diese Gräuel, als ich in den Zeitungen über die Lager las, mit den anderen Erlebnissen zu einem riesigen Trauma. Ich brauchte mir nur meine völlig ausgebombte Heimatstadt anzusehen.

Während die Menschen mit dem Nachkriegschaos fertig zu werden versuchten, begriffen sie noch nicht die ganze Bedeutung dessen, was geschehen war; die Tragweite und die dahinter stehende Politik wurden erst viel später richtig erkannt. Es dauerte etwa zwanzig Jahre und bis zur nächsten Generation – meine Generation –, ehe man sich damit näher befasste. Inzwischen begannen sich die Deutschen von den Verbrechen zu distanzieren. Sie meinten, dass der größte Übeltäter Hitler war – Hitler und seine Bande. Dass sie ihn selbst gewählt hatten, kam ihnen nicht in den Sinn. Immerhin waren die meisten Deutschen Anhänger der Nazis gewesen, ob sie nun Mitglied der NSDAP waren oder nicht.

Und dann hörten wir am Ende des Krieges, dass der »Führer«, während er seinen Pflichten nachkam, gestorben sei; die Berichte gingen dahin, dass ihn eine Kugel getroffen habe oder so und dass Hitler als Held umgekommen sei. Aber die Russen fanden seinen Leichnam, und konnten die Heldenlegende damit widerlegen, dass er in Wahrheit Selbstmord begangen hatte. Aber damals war nicht wirklich wichtig, wie Hitler umkam; er war tot, das war alles.

Mein Bruder interessierte sich sehr dafür, was während des Krieges passierte, und brachte viel über die Wahrheit zum Vorschein. Er sprach von all den Untaten, die Hitlers SS begangen hatte. Nach Meinung meines Bruders war es nicht so sehr ein deutsches Problem als vielmehr ein Problem von Hitler.

Als Jürgen in das Hitlerjugend-Lager außerhalb von Berlin geschickt wurde, stiefelten einige Lehrer in Nazi-Uniform herum und verbreiteten Propaganda. Er war empört, dass dieselben Lehrer auch nach dem Krieg noch unterrichten durften. Nach seinem Abitur konfrontierte er sie damit, denn jetzt konnten sie ihm ja nichts mehr anhaben. Er lachte, als er mir davon erzählte, »Endlich habe ich ihnen die Leviten gelesen.« Ich erwiderte: »Um Gottes Willen, das kannst du doch nicht machen, sie sind auch *meine* Lehrer. Ich muss jeden Tag mit ihnen zurechtkommen. Halt den Mund, Jürgen!« Ich ging zur selben Schule, und natürlich war den Lehrern klar, dass ich Bescheid wusste. Und so war es ein Eiertanz, aber die Lehrer sagten nie ein Wort.

Ende der 40er- und Anfang der 50er-Jahre, als er noch Jura studierte und zu Hause wohnte, begann Jürgen, bei dem deutschjüdischen Anwalt Eckstein mitzuarbeiten – durch Vermittlung von Onkel Hugo. Der Anwalt war in die Vereinigten Staaten emigriert, kehrte aber nach dem Krieg nach Berlin zurück und gründete eine sehr florierende Kanzlei, die darauf spezialisiert war, Restitutionen für Opfer des Nazi-Regimes zu erwirken. Die westdeutsche Regierung begann gerade mit diesem Prozess der Entschädigung von Juden und anderen Opfern. Die meisten jüdischen Mandanten waren nicht Überlebende der Konzentrationslager, sondern Menschen, denen es gelungen war, das Land rechtzeitig zu verlassen.

Jürgen war nicht der einzige, der in Ecksteins Kanzlei mitarbeitete. Es gab weitere Anwälte und Anwaltsgehilfen. Für Jürgen und die anderen Anwälte war es lukrativ, weil sie einen Anteil an jeder Abfindungssumme erhielten. Sie hatten es mit der westdeutschen Regierung zu tun, und sie mussten Dokumentationen zusammenstellen und in der korrekten Form vorlegen. Mein Bruder wurde auf diese Weise ziemlich wohlhabend. Jürgen fühlte sich immer etwas schuldig, weil er daran Geld verdiente. Aber Eckstein erkannte bestimmt, dass mein Bruder ein vertrauenswürdiger Anwalt war. Das war auch einer der Gründe, weshalb er nach New York geschickt wurde, um die Mandanten besser kennenzulernen. Manche der Fälle waren, meinem Bruder zufolge, sehr komplex.[4]

Während ich da in der Bibliothek von Duke saß, überfluteten mich Gedanken über jene Zeit und was meine Familie davon gewusst hatte. Die Zeitungen öffneten mir die Augen dafür, was da geschehen war. Ich begriff, dass meine Eltern von den Einschränkungen, die den Juden auferlegt wurden, gewusst haben müssen, selbst wenn ihnen nicht die ganze Wahrheit über die Deportationen in die Lager bekannt war. Aber sie hatten alles wie die meisten Deutschen toleriert. Ich fühlte mich angewidert, ein Deutscher zu sein. Ich hatte das Bedürfnis, mich möglichst stark von Deutschland zu distanzieren. Ich sagte mir, Deutschland sei das falsche Land für mich.

Meine Gefühle gegenüber Deutschland veränderten sich drastisch, zum Negativen. Ich begann Deutschland in einer zynischen Perspektive zu sehen. Ich glaubte, die Deutschen hätten sich nicht verändert und dass sie nicht über Nacht anders sein könnten. Sie hatten all das akzeptiert, was passiert war. Vielleicht kannten sie die Einzelheiten über die Konzentrationslager nicht, aber sie folgten der Nazi-Partei auf Schritt und Tritt. Die Nazis waren enorm populär, nachdem Hitler erst einmal an der Macht war. Die Leute merkten eben nicht sofort, dass er ein Tyrann und Verbrecher war. Im Gegenteil: Die große Mehrheit glaubte bis zum bitteren Ende an ihn.

Mir wurden die historischen Parallelen zwischen Deutschland und den USA bewusst, insbesondere die ähnlichen Erfahrungen der amerikanischen Schwarzen und der deutschen Juden. Die Schwarzen konnten nach der Doktrin »Separate But Equal« zur Schule gehen. Hätte Hitler die Juden behandelt, wie die Amerikaner die Schwarzen, wäre es nicht zum Völkermord gekommen. Um ganz klar zu sein, ich will keineswegs sagen, dass die Schwarzen es etwa leicht hatten. In meiner Zeit in Duke kamen immer wieder Lynchmorde vor. Auch in der Gegend von Durham. Die Zeit der Bürgerrechtsdemonstrationen und der berühmten Sit-ins gegen Rassendiskriminierung in Greensboro, North Carolina und anderen Orten kam erst später.

Jedenfalls war mir bewusst, dass die Nazi-Katastrophe die Deutschen noch Generationen belasten würde. In der Rückschau fühlte ich mich beschämt, und dieses Gefühl habe ich bis heute. Wem würde es nicht so ergehen? Mir war klar, dass ich neugieriger hätte nachfragen sollen. Aber meine Generation, die direkten Nachfahren der verantwortlichen Generation, zögerte mit solchen Fragen, insbesondere vor dem Hintergrund, dass unsere Väter im Krieg gedient und vieles erlitten hatten. Wir fanden es nicht fair, sie zu verurteilen.

Ehe ich aus Deutschland wegging, war wenig von Schuld die Rede. Das Land war in erster Linie damit beschäftigt, eine Demokratie aufzubauen. Eine Regierungsform, mit der sie keine Erfahrung hatten, mit Ausnahme des misslungenen Versuchs zwischen den beiden Weltkriegen. Natürlich wurde jede Nazi-Partei oder nazi-ähnliche Partei durch die Verfassung verboten.

Auch *Mein Kampf* war bis zum Jahr 2015 in Deutschland verboten. Die Regierung befürchtete, dass unterschwellig immer noch nationalsozialistisches Gedankengut weiterwirkte. Trotzdem wurde die unmittelbare Vergangenheit nicht konsequent aufgearbeitet.

Tatsächlich kam erst vor einiger Zeit heraus, dass Konrad Adenauer, der erste westdeutsche Bundeskanzler, der keineswegs ein Nazi war und eben deshalb Bundeskanzler wurde, viele ehemalige prominente Nazis in seine Regierung berief. In erster Linie, weil sie bestimmte Fähigkeiten mitbrachten, die gebraucht wurden. Man neigte dazu, entweder die Verbrechen bestimmter Leute zu übersehen oder man schützte Unwissenheit vor.

Erst die Generation nach mir war in der Lage, der deutschen Schuld ins Auge zu sehen. Das Wort *Vergangenheitsbewältigung* beschreibt es. Aber dies geschah erst, nachdem ich 1957 Deutschland verlassen hatte.

In der friedlichen Atmosphäre der Bibliothek merkte ich, wie erleichtert ich gewesen wäre, wenn mein Vater nie der NSDAP beigetreten wäre. Und wenn er aktiv im Widerstand mitgearbeitet hätte, wäre ich erst recht erleichtert gewesen. Aber dann wäre ich vermutlich gar nicht geboren worden … also ist das alles hypothetisch.

Wo die Mädchen sind

Gegen Ende meines ersten Semesters in Duke ging es mit meinem Englisch schon ziemlich gut. Das zweite Semester sollte dann leichter werden, aber es war immer noch schwierig genug. Zu den kurzen Frühlingsferien im März 1958 luden mich Freunde ein, mit ihnen nach Florida zu fahren, zum populären »spring break«.

Die Familie meines Freundes John Pruner hatte eine Ferienwohnung in Fort Lauderdale, einer Stadt, in der sich jeden Frühling viele College-Studenten trafen. Fort Lauderdale liegt etwa 1.300 Kilometer von Durham entfernt. John und mit mir noch vier andere Studenten wechselten sich beim Fahren ab, damals noch auf normalen Landstraßen. Wir fuhren mit Johns Cabriolet durch South Carolina und Georgia, durch hübsche kleine Städte, und schafften die Fahrt fast ohne Zwischenaufenthalte. Die Musik der verschiedenen Radiosender gefiel mir immer besser. Es war fantastisch!

Als wir nach Fort Lauderdale kamen, waren wir von der Strandszene fasziniert. Die Hauptattraktion war der berühmte *Elbo Room*, vor dem immer eine lange Schlange wartete. Eigentlich war es nur eine Bude am Strand mit einer Bar. Wenn man schließlich an die Spitze der Warteschlange gekommen und drinnen war, bestellte man an der langen Theke einen oder zwei Drinks und wurde dann vorwärts geschupst. Auch wenn man seinen Drink hatte, blieb man immer in Bewegung, und wenn das Glas nach etwa zehn Minuten leer war, fand man sich auch schon am Ausgang am anderen Ende wieder. Da musste man also unbedingt hin.

Die Frühjahrsferien waren ein unglaubliches Erlebnis. Nichts dergleichen wäre in Deutschland denkbar gewesen. Und wo man nur hinschaute, waren Mädchen!

Meinen ersten Kuss bekam ich im reifen Alter von elf oder vielleicht zwölf Jahren. Ich weiß, dass es nach dem Krieg war, 1947, als ich bei einer bekannten Geigerin Unterricht nahm; sie hatte zwei Töchter, die etwa in meinem Alter waren, und gelegentlich spielten ihre Töchter und ich Kammermusik zusammen. Ich kann mich erinnern, dass sie einmal zum Abendessen zu uns nach Hause kamen, und weil sie nicht weit weg von uns wohnten, brachte ich sie nach Hause. Wir gingen auf einem schmalen Weg, und es war stockdunkel. Plötzlich küsste mich eine von beiden auf den Mund. Mein erster Kuss! Doch bis heute weiß ich nicht, welche von beiden es war. Ich war konsterniert. Naja, ich wusste kaum, was ein Kuss bedeutet. Aber es fühlte sich richtig gut an.

Mein gesellschaftliches Leben mit Mädchen kam in Gang, als ich etwa fünfzehn war und meine Eltern mich in die Tanzstunde schickten. Anfangs hatte ich überhaupt keine Lust. Die Tanzlehrer – das Ehepaar Fink – waren europäische Meister im Wiener Walzer; wir waren hier nicht in der Provinz. Wir mussten gut gekleidet sein. Und es ging nicht nur darum, dass sie uns das Tanzen beibrachten, sondern auch gute Manieren. Beispielsweise erklärten sie uns, wie man sich verhält, wenn man im Theater an sitzenden Leuten vorbeigehen muss, um zum eigenen Platz zu gelangen: Man wendet sich ihnen zu und kehrt ihnen nicht den Rücken zu. Tanzen und Benehmen waren in der gebildeten Oberschicht sehr wichtig, weil es allerlei formelle Bälle gab, und da musste man die verschiedenen Tänze beherrschen: Walzer, Tango, Foxtrott, Rumba und Samba. Anfangs war ich nicht gerade begeistert von der Tanzschule, aber dann machte es mir doch Spaß, weil ein paar wirklich attraktive Mädchen in dem Tanzkurs waren, und eine von ihnen hatte ich besonders im Auge. Aber eines Tages kam mein Bruder zu einem der Tanzkurse, nur besuchsweise, er war vor Jahren dort in die Tanzstunde gegangen. Er fing gleich ein Gespräch mit dem Mädchen an, das mich so interessierte, und sie machte ihm schöne Augen, weil er älter und größer war. Ich hatte keine Chance. Offensichtlich war sie nicht so begeistert wie ich, dass wir beide in diesem Kurs waren.

Später lachten Jürgen und ich über die Tatsache, dass wir denselben Geschmack im Hinblick auf Mädchen hatten.

Meine erste und einzige wirkliche Freundin in Deutschland war Linde Unholtz. Sie war die Tochter eines Krankenhausdirektors, jenes Arztes, der meine Untersuchung für mein Visum in die Vereinigten Staaten durchführte. Ich muss sie wohl bei irgendeinem gesellschaftlichen Anlass kennengelernt haben. Da war ich schon fast zwanzig Jahre alt. Etwa zur selben Zeit, als ich erfuhr, dass ich nach Duke gehen würde, war sie als Austauschschülerin in Glenside, Pennsylvania in der Nähe von Philadelphia angenommen worden. Sie ging auf dieselbe Schule, auf der Sandy Calloway gewesen war, das Mädchen, das mir bei meinen College-Bewerbungen geholfen hatte.

Wie man miteinander ausging, war in Amerika völlig anders als das, was ich von Deutschland her kannte. In Berlin musste der Junge nie für das Mädchen mitbezahlen, oder umgekehrt. Es war auch nicht immer er, der das Mädchen einlud. Ich wurde oft von einem Mädchen angerufen, die eine Theaterkarte übrig hatte und fragte, ob ich mitwollte. Es war keine große Sache, wenn man ablehnte. Manchmal sagte ich dann zu, und dann erklärte sie, dass noch jemand mitkäme. Wir waren also nicht unbedingt nur zu zweit. Es war alles ziemlich spontan, was ich eigentlich sehr positiv fand.

Anders in Duke. Wenn ich mit jemandem ausgehen wollte und kaum einen Penny in der Tasche hatte, dann musste ich trotzdem für alles bezahlen. Für mich war das total altmodisch. Auch schien mir die ganze Einstellung zum Sex recht verkorkst; mit Ausnahme der Frühlingsferien kam mir alles ziemlich zugeknöpft vor, was die sexuellen Sitten anging.

Und dass es in Duke damals mehr Jungen als Mädchen gab, machte alles noch komplizierter. Da »Dates« sehr wichtig waren – Duke war immer schon eine Hochschule, an der auch gerne gefeiert wurde –, musste man sich manchmal Mädchen von anderen Hochschulen suchen, wie UNC (University of North Carolina) oder NC State (North Carolina State University), aber da stand man dann in Konkurrenz mit deren Studenten. Oder man musste zum Meredith College gehen, einem baptistischen Mädchen-College in Raleigh. Denen war es aber weder erlaubt zu küssen noch zu tanzen. So war es ein harter Wettbewerb bei der Partnersuche. Die männlichen Studenten fingen schon Wochen im Voraus an zu telefonieren. Und mit meinen geringen Erfahrungen im Ausgehen und mit Mädchen hatte ich keine Ahnung, was da los war. Außerdem war ich mit meinen Teilzeitjobs viel zu beschäftigt. Doch gelegentlich sagte jemand: »Du musst morgen mit zu dieser Party gehen. Hast du schon ein Date?«

Und ich hatte niemanden.

»Ach, dann hast du jetzt keine Chance mehr, es ist viel zu spät.«

Zum Glück hatte ich viele Pflegestudentinnen im Krankenhaus kennengelernt. Da sie ihre Einsatzpläne nie im Voraus bekamen, konnten sie sich nicht verbindlich verabreden, und freitagabends aßen sie oft in der Cafeteria. Das gab mir die Gelegenheit, eine zu fragen, ob sie Lust hätte, heute Abend auszugehen. Und oft hieß es dann »klar.« Und dann tauchte ich bei der Party auf, meistens mit einem sehr attraktiven Mädchen. Die Jungen fragten dann: »Wow, wo hast du die denn aufgetrieben? Gestern hattest du doch noch keine Verabredung.« Und natürlich war ich schlau genug zu sagen: »Ich habe da meine Quellen.«

Ziemlich bald kamen sie zu mir und fragten: »Kannst du mir ein Date besorgen?« Ich sprach andere Mädchen an und vereinbarte Blind Dates für sie. Auf diese Art und Weise machte ich mich sehr beliebt, und man lud mich ein, in der Verbindung Theta Chi zu wohnen, in der mein Stubengenosse Jim schon Mitglied war. Ich wurde nicht Mitglied, konnte aber an allen Partys und anderen Veranstaltungen teilnehmen. Und schon bald fühlte ich mich in diesem Leben richtig wohl.

Mir war bewusst, wie gut es mir ging, und ich fragte mich, ob ich nach Deutschland zurückgehen sollte. Kurz vor den Frühlingsferien ging ich zur Verwaltung, und zu meiner großen Überraschung hieß es, »Sie haben ein Vier-Jahres-Stipendium.« Ich schrieb nach Hause und teilte meinen Eltern mit, dass ich gerne noch ein weiteres Jahr bleiben würde. Sie waren total dagegen, weil sie meinten, das amerikanische Bildungssystem sei mittelmäßig und dass ich bloß Spaß hätte und nicht ernsthaft studieren würde. Aber ich hatte noch nie im Leben so viel gelernt wie in diesem Jahr. Am Ende ignorierte ich ihren Widerspruch, auch weil sie mich finanziell ohnehin nicht unterstützten.

Was ich allerdings brauchte, war ein Job für den Sommer. Ich brauchte Geld.

Sommerjob am Strand

Wyman Yelton, ein Freund von mir in Duke, hatte im Lido Beach Hotel an der Südküste von Long Island, New York gearbeitet. Er meinte, viele Studenten hätten in den örtlichen Country Clubs Jobs als Schwimmmeister und anderes. Doch dafür wurde man nicht oder kaum bezahlt, und sie lebten meistens zu Hause. Er wusste, dass ich einen richtigen Job brauchte, da ich ja nicht zu Hause wohnen konnte. Wenn ich richtig gut Geld verdienen wollte, müsste ich nach Norden gehen. Und das brachte ihn auf das Lido. Er wies zwar darauf hin, dass es schwierig sein könnte, weil wir 1958 eine Rezession hatten. Aber dann riet er: »Bewirb dich einfach mal.« Und er gab mir den Namen einer Personalagentur in New York City.

Ich schickte der Agentur ihre zehn Dollar Bewerbungsgebühr, und kurz darauf erhielt ich die Bestätigung, dass sie eine Tätigkeit für mich hätten. Ich sollte persönlich in ihr Büro kommen, wenn das Studienjahr zu Ende war.

Anfang des Sommers fuhr ich nach Philadelphia und wohnte bei der Familie Brecht, den Gasteltern meiner Freundin Linde Unholtz während ihres Schüleraustauschjahres. (Linde war schon wieder zurück in Berlin.) Dann nahm ich den Greyhound-Bus nach New York. Als ich in der Agentur mein Schriftstück vorlegte, sagten sie: »Wir haben nichts.«

»Sie haben mir doch einen Job versprochen«, erwiderte ich.

»Ja, aber es läuft nicht so gut mit der Wirtschaft.« Alles war sehr hektisch; sie sagten, ich solle mich setzen und sie würden sich etwas einfallen lassen.

Also saß ich da und beobachtete das Kommen und Gehen der Leute, rein und raus; das war ziemlich interessant. Die Agentur war spezialisiert auf das Hotelgewerbe, daher bewarben sich hier Köche und Küchenhilfen, Kellner und jede Art von Hotelpersonal, alle auf der Suche nach einem Job. Ich erfuhr, dass das Lido Beach Hotel in der Vor- oder Nachsaison ausschließlich Profis einstellte. Aber im Sommer, in der Hochsaison, brauchten sie eine Menge mehr Leute. Das Hotel war sehr exklusiv und betrieb zusätzlich zum Hotel das ganze Jahr über einen Golfclub für Leute, die zumeist aus New York kamen.

Zur Mittagszeit ging ich nach draußen, um mir etwas zu essen zu holen. Das war schwierig, weil ich kaum genug Geld für die Busfahrt nach Philadelphia hatte. Es war ein sehr schwüler Tag, sodass ich, nachdem ich etwas zu essen gefunden hatte, zurück ging und im Büro saß. Am Ende des Tages zuckten sie die Schultern und schoben mich sozusagen zur Tür hinaus. Und das war alles.

Am nächsten Tag kam ich wieder zurück. Ich sollte mich setzen. Ich setzte mich. Ich wusste nicht, wo ich hingehen sollte. Schließlich war ich ein ungelernter Student, der nur nach Sommerarbeit suchte.

Mittags ging ich wieder nach draußen. Ich hatte kein Geld mehr für ein Lunch, und ich hatte kein Geld mehr für den Bus, um nach Philadelphia zurückzufahren. Ich hatte so etwa zwanzig Cent in der Tasche, was in New York so viel wie nichts war. Ich saß auf einer Bank im Central Park und fühlte mich sehr deprimiert. Da bemerkte ich eine Gruppe von Leuten, die Broschüren für die Kommunistische Partei verteilten. Ich nahm mir eine Broschüre und ging dem Gedanken nach, dass der Kapitalismus eigentlich unfair ist und der Kommunismus, in dem alle gleich sind, vielleicht gar nicht so schlecht. In dem Moment hatte ich das Gefühl, zu den Unterdrückten zu gehören. Natürlich wusste ich von meinem Leben in Berlin, dass das Unsinn war, aber das Gefühl überkam mich. Das war übrigens das einzige Mal im Leben, dass ich den Kommunismus als eine Option in Erwägung gezogen habe. Ich war wirklich von Selbstmitleid befallen.

Hungrig und verschwitzt geriet ich in Panik, was ich tun sollte, wenn ich keinen Job bekäme. Ich ging in die Agentur zurück und saß bis fünf Uhr da, als sie wieder sagten: »Nichts heute.« Dieses Mal weigerte ich mich allerdings zu gehen. Ich sagte:

Das Lido Beach Hotel in Long Beach, Long Island, NY.

»Hören Sie mal, ich habe kein Geld mehr. Man hat mir einen Job zugesagt. Ich habe zehn Dollar gezahlt. Sie müssen etwas für mich tun.« Ich machte eine Szene, und das wurde bemerkt. Man bat mich in jemandes Büro, wohl beim Manager oder dem Eigentümer. Der Mann hinter dem Schreibtisch sagte: »Setzen Sie sich und erzählen Sie mal etwas über sich.«

»Ich bin echt verzweifelt«, sagte ich.

»Sie sind aus Deutschland, richtig?«

»Jawohl.«

»Wo in Deutschland?«

»Berlin.«

»Oh, ich habe immer noch eine Tante in Berlin.« Er erklärte, dass seine Tante in Lichterfelde wohnte.

Er war jüdisch und sehr nett, und er meinte, ich solle mir keine Sorgen machen. Er hob das Telefon ab und rief den Oberkellner beim Lido Golfclub an. »Joe, ich habe hier diesen richtig ordentlichen deutschen Studenten. Er studiert in Duke und du musst einen Job für ihn finden.« Offensichtlich kannten sie sich gut. Er wandte sich zu mir und sagte: »Fahren Sie nach Long Beach und fragen Sie nach Joe Alsop. Er weiß Bescheid. Und er wird sich um Sie kümmern.«

Mensch, war ich erleichtert! Ich bedankte mich und dann stand ich da.

»Kann ich noch etwas für Sie tun?«

»Ja, ich habe das Geld für die Fahrkarte nicht.«

Er griff in seine Tasche, sagte »kein Problem« und gab mir das Geld für die Bahnfahrkarte nach Long Beach.

Als ich ankam, sagte Joe Alsop (nicht der berühmte Journalist, sondern ein Namensvetter): »Ich habe arrangiert, dass du im Wohnheim wohnen kannst wie alle Hilfen. Da kannst du den Sommer über bleiben. Hast du Erfahrung als Kellner?«

Ich gestand, dass ich keinerlei Erfahrungen als Kellner hätte, und da meinte er, ich könnte als Hilfskellner arbeiten. »Das ist relativ einfach. Du sorgst dafür, dass die Leute Eiswasser haben. Und viele Gäste möchten keine Butter, also gib ihnen keine Butter, wenn sie keine wollen.« Später fand ich heraus, dass dies etwas mit den Speisevorschriften zu tun hatte, nach denen das Essen für viele Juden koscher sein musste. Für mich war es das erste Mal, dass ich von speziellen Speisevorschriften hörte, die etwas mit einer Religion zu tun hatten.

Der Golfclub war eine ungewohnte Arbeitsumgebung. Alle Kellner waren Männer, und sie waren Profis, im Gegensatz zu dem Personal im großen Speisesaal des Haupthotels, das sich wesentlich aus Studentinnen zusammensetzte. Die Gäste schienen sich alle untereinander zu kennen, das fiel mir gleich auf. Man klopfte sich auf den Rücken, und sie waren sehr laut.

Ein paar Stunden am Abend für ein paar Tische zuständig zu sein, war keineswegs ein Vollzeitjob. Ich brauchte mehr Arbeit. Alsop wurde mein Mentor. Er fragte mich, ob ich schwimmen könne. »Okay, dann bist du Rettungsschwimmer. Der Bademeister am Strand wird dir zeigen, was zu tun ist, wenn etwas passiert, und wie man Leute rettet und diese Dinge.« Der Bade-

Als Rettungsschwimmer beim Lido Beach Hotel, 1958.

meister war nur daran interessiert, dass ich schwimmen konnte. Eine weitere Einweisung gab es nicht. Es war alles ziemlich nachlässig. Und ich brauchte mehr Arbeit. Ich erkundigte mich, ob es sonst noch etwas zu tun gab. Jemand sagte: »Du kannst den Mitgliedern die Golfschuhe putzen.« Also hatte ich für meine Arbeitstage und Abende ausgesorgt. Blieben nur noch die Abende an den Wochenenden.

Der Golfclub hatte eine Veranda, auf der es Wochenendshows mit bekannten Entertainern gab – große Namen wie Bob Hope. Also arbeitete ich dort freitags und samstags abends ab 23 Uhr, servierte Drinks und arbeitete auch noch als Kellner, da es bei diesen Shows nicht viel zu tun gab. Ich war bis zwei Uhr morgens beschäftigt, und dann ging ich für ein paar Stunden zum Schlafen in mein Wohnheim, ehe meine nächste Schicht um sechs Uhr morgens oder manchmal noch früher losging.

Zu meinem Morgenjob gehörte, den VW-Bus des Hotels zu fahren, alle schmutzige Wäsche in die Wäscherei zu bringen und die saubere Wäsche zurückzubringen. Wir waren dabei zu zweit, und wenn wir zurückkamen, deckten wir die Tische im Speisesaal für den folgenden Abend. Um acht Uhr musste ich am Strand sein.

Ich weiß nicht mehr, ob es sonntagabends Shows gab. Montags hatte ich frei, mein einziger freier Tag in der Woche.

Ehe ich im Lido Beach Hotel anfing, hätte ich mir nicht vorstellen können, dass alle Gäste Juden waren. Deutschland hatte sechs Millionen Juden umgebracht, und ich musste sofort daran denken, als ich zu den Zelten (cabanas) am Strand ging und zu meiner Überraschung ausschließlich jüdische Namen auf den Namensschildern sah: Morgenstern, Schwartz usw. Ein anderer Rettungsschwimmer klärte mich auf, dass dies ein rein jüdisches Hotel sei. Plötzlich war mir klar, dass sie deshalb die jüdische Arbeitsagentur nutzten. Mein Kollege fügte hinzu, »Nicht alle Rettungsschwimmer sind jüdisch, aber alle Cabana Boys.«

Das war der lukrativste Job im Hotel, der innerhalb der Familie vererbt wurde. Wegen der üppigen Trinkgelder, die die Cabana Boys bekamen, wenn sie den Besitzern ihre Zeitungen und Zigarren brachten. Sie setzten sich zu den Gästen und unterhielten sich mit ihnen, was für uns andere gar nicht infrage kam. Die Cabanas waren toll möbliert, und in manchen lief sogar ein Börsenticker. Es war recht luxuriös.

Das Lido galt als das elitärste jüdische Resort in der Umgebung von New York, mehr als jedes Hotel in den Catskills. Viele Gäste waren Anwälte oder wohlhabende Geschäftsleute; sie pendelten von Manhattan, und manche – zumindest die Ehefrauen – verbrachten den ganzen Sommer dort. Sie waren alle erfolgreich genug, um sich das kostspielige Resort leisten zu können, wo 1958 das preiswerteste Zimmer fünfzig Dollar pro Tag kostete (heute circa 420 Dollar).

Die Gäste fragten mich unweigerlich: »Hey, wie heißt du?« Und ich nannte meinen Namen »Ingolf Mueller«. Und dann kam als Reaktion »was? Ing—, Ing—, was?« Und »Kannst du das mal buchstabieren?« Und dann schauten sie auf und fragten: »Was bist du? Deutsch?«

»Ja.«

»Oh, okay.«

Das war es dann. Ich wusste nie, ob ihre Reaktion positiv, negativ oder neutral gemeint war. Einige Gäste hatten einen deutschen Akzent. Das war in dieser Umgebung eigentlich kein Problem; unten im Süden war es mehr ein Problem als in New York. Ich hatte trotzdem Bedenken, weil wir für Trinkgeld arbeiteten, und ich befürchtete, dass mein deutscher Hintergrund meine Einkünfte beeinträchtigen könnte. Also beschloss ich, mich Karl zu nennen. Der Name meines Onkels und Patenonkels war Karl-Heinz, also stand der Name Karl irgendwo auf meiner Geburtsurkunde. Und Karl war einfacher, weil es in Amerika kein ungewöhnlicher Name ist. Zudem wusste ich, dass Karl mit »K« skandinavisch oder ähnliches sein konnte. Ironischerweise ist Ingolf kein deutscher Name. »Ing« bedeutet jung, »olf« steht für Wolf, und es ist ein skandinavischer Name. Ich wurde nach einem norwegischen Piloten benannt, einem Freund meines Vaters, der, ehe ich zur Welt kam, in einen Kirchturm geflogen war und dabei ums Leben kam.

Einmal in der Woche gab es eine Benefizveranstaltung, meistens eine Art Auktion, um Geld für einen jüdischen Zweck einzutreiben (entweder für ein israelisches oder ein jüdisch-amerikanisches Anliegen.) Die Auktion fand gleich nach dem Dinner statt. Als Hilfskellner musste ich noch da bleiben, und ich stand an die Wand gelehnt und schaute zu. An einem Abend traute ich meinen Augen kaum, als ich sah, dass sie 160.000 Dollar für ein bestimmtes Projekt einsammelten. 160.000 Dollar – an einem einzigen Abend! Das war unglaublich. (In heutigem Geld wären das 1,3 Millionen Dollar.) Die ganze Angelegenheit war in fünfundvierzig Minuten vorbei. Meine erste Begegnung mit Juden war mit den erfolgreichen, nicht den verfolgten. Psychologisch war das wahrscheinlich gut für mich.

Zwischen uns Rettungsschwimmern und den Gästen sollte es eigentlich nicht viel Kontakt geben, aber manchmal kamen am Strand jüngere Gäste auf mich zu und plauderten, weil sie sich langweilten und nichts zu tun hatten. Ich erinnere mich noch, dass im ersten Sommer – ich arbeitete auch im Folgejahr

Zurück an der Duke University
mit Gipsbein nach dem Unfall,
1958.

im Lido – ein besonders attraktives Mädchen mit mir sprach:
»Oh, du bist Deutscher. Was ihr den Juden angetan habt, das
wird Euch nie vergeben. Niemals.«

Ich fragte: »Meinst du mich persönlich oder Deutschland im
Allgemeinen?«

»Deutschland allgemein, aber auch dich persönlich, weil sich
eine solche Schuld über die Generationen fortsetzt. Und du bist
genauso schuldig wie die Leute, die selbst die Verbrechen begangen haben.«

»Also, das akzeptiere ich nicht. Das ist wie Kollektivschuld,
nicht wahr? Und ich hatte nichts damit zu tun. Außerdem hat
Deutschland sich verändert.«

Aber sie bestand darauf. »Nein, so ist es.«

Nach diesem Wortwechsel war sie so, als wäre nichts passiert. Sie war total charmant, und wir redeten über andere Dinge. Also, nicht dass sie mich hasste und sich abgewendet hätte,
aber sie wollte mir nur vermitteln: »Junge, du bist schuldig. Ver-
giss das nicht.«

Ich war sprachlos, weil es so eine direkte Anklage war. Alle waren so höflich. Es war das einzige Mal, tatsächlich bis zum heutigen Tag, dass jemand wegen Deutschlands Rolle im Krieg mit einem anklagenden Finger auf mich gezeigt hat.

Von den amerikanischen Juden stammten sicher einige aus Deutschland. Wie ich später erfuhr, war die jüdische Oberschicht in Berlin vor der NS-Zeit nicht sehr viel anders als die jüdische Oberschicht in New York heute. Die Juden waren immer international, weil sie meistens Banker oder Künstler waren. Demnach waren sie weltgewandter als die allgemeine Bevölkerung. Sie waren zumeist in großen Städten zu Hause; sie waren Städter. Tatsächlich überraschte mich im Lido Beach Hotel eigentlich nichts, außer dem Ausmaß an Wohlstand, den man dort sah.

Insgesamt verlief der Sommer ziemlich gut, außer dass ich mir am Ende der Saison die Achillessehne verletzte, als ich von einer Welle erfasst wurde, während ich Rettungsseile abschneiden musste, die unter der Brandung verankert waren. Man brachte mich zum Arzt, und dann musste ich acht Wochen lang einen Gips tragen.

Irgendwer riet mir, das Hotel wegen Fahrlässigkeit zu verklagen, weil wir mit großen Küchenmessern in die Brandung geschickt wurden statt mit Tauchermessern. Also klagte ich entsprechend den Regelungen über Schadensersatz für Arbeiter.

Ein Jahr später sprach mir ein Gericht auf Long Island ein bescheidenes Schmerzensgeld zu. Ich nahm das Geld mit in die Stadt und kaufte mir ein Exemplar der Gesammelten Werke von William Shakespeare.

Noch einmal: Berlin

Nach dem Sommer setzte ich mein Studium in Duke fort. Zwar war es zu spät, bei der Einschreibung offiziell meinen Namen Ingolf in Karl zu verändern, aber als ich wieder im Krankenhaus arbeitete, behielt ich den Namen Karl bei und wurde zu Karl Mueller. Ich hatte das Gefühl, dass ich mich in Amerika akklimatisiert hatte, auch wenn ich drei Jahre älter als die meisten meiner Kommilitonen in Duke war und einen vollkommen anderen Hintergrund hatte, was es manchmal schwer machte, dazu zu gehören. Und die Universität kümmerte sich damals in keiner Weise um die ausländischen Studenten, vielleicht weil wir so wenige waren.

Ich begann, einige Kurse in Rechnungswesen und Betriebswirtschaft zu belegen, weil ich im Auge hatte, einen Master of Business Administration zu erwerben. Schon seit meiner Banklehre hatte ich mich für internationale Wirtschaft interessiert. Mein Vater war Ingenieur und Geschäftsmann gewesen, und alle Verwandten mütterlicherseits waren Unternehmer, kleinere Unternehmer natürlich. Eine Karriere in der Wirtschaft würde gut zu mir passen.

Ich belegte jedoch auch weiterhin andere Kurse. Im College soll man ja nicht zum Spezialisten werden. Für jemanden wie mich war es sehr wichtig, Politikwissenschaft zu studieren und mehr über das amerikanische Regierungssystem zu erfahren. Meiner Meinung nach konnte ich diese Dinge am besten an einer amerikanischen Universität lernen. Und im Bereich Wirtschaft war unser Unterricht ohnehin fabelhaft. Unsere Seminarlektüre war die erste Auflage eines Lehrbuchs von Paul Samuelson (dem ersten US-Wirtschaftswissenschaftler, der den Nobelpreis gewann), und das besitze ich bis heute. Volkswirtschaft machte mir viel Spaß. Sie ist keine exakte Wissenschaft wie Mathematik oder Physik, aber sie glaubt es zu sein. Man wendet Mathematik an, viele Hypothesen und Annahmen, dies und das. Mehrere Variable in einem Modell zusammenzubringen, das gefiel mir besonders.

Meine erste Professorin in Volkswirtschaft war Juanita Kreps, die später unter US-Präsident Jimmy Carter Wirtschaftsministerin werden sollte. Sie war hervorragend in der Lehre. Dennoch werde ich nie vergessen, wie sie manchmal im Unterricht auf der Fensterbank saß und ihre schönen Beine zeigte. Manchmal wandte sie sich an die Klasse mit den Worten: »Für wen seid Ihr dieses Wochenende, Duke oder UNC?« und plauderte dann noch eine Weile weiter über Football. In einem deutschen akademischen Umfeld wäre das undenkbar gewesen, aber für sie war das ganz natürlich – die perfekte Art, einen offenen Umgang mit ihren Studenten herzustellen.

Mir gefiel es ungemein, wie persönlich es in einem amerikanischen Seminar zuging, weniger streng als ich erwartet hatte. Manchmal lud uns ein Professor zu sich nach Hause ein. Wir saßen dann am Kamin und sprachen über das betreffende Seminarthema, oder über andere Dinge. Als ich später wieder in Deutschland war und an der Freien Universität Berlin studierte, hatte ich manchmal Vorlesungen in einem Hörsaal mit zweitausend Studenten, und dazu noch Übertragungsräume, in denen Bildschirme und Lautsprecher aufgestellt waren. Der Professor betrat den Hörsaal wie ein Gott. Er stand am Podium und las seine Vorlesung vor, ohne überhaupt den Blick zu heben. Alle machten sich Notizen, und dann verschwand er wieder. Ganz anders als in Duke hatte man an der Freien Universität kaum je eine Möglichkeit, den Professoren Fragen zu stellen. Sie hatten keinen Kontakt mit den Studenten, außer in Oberseminaren für höhere Semester.

Während meiner beiden ersten Jahre in Duke fuhr ich nicht zu Besuch nach Hause; das konnte ich mir nicht leisten. Meine Eltern (vor allem meine Mutter) und ich schrieben uns alle paar Wochen Briefe. Mit unserer Beziehung gab es keine Probleme, aber ich war erwachsen und Jürgen war wieder in Berlin. Das war für sie wichtig, jetzt stand mein Bruder für sie im Mittelpunkt.

Der einzige, auf den ich mich als Ratgeber verließ, war Onkel Hugo. Nicht nur, dass er mich zu einer Karriere in der Wirtschaft gelenkt hatte, er unterstützte mich auch darin, in den USA zu studieren. Und wir waren in vielen Dingen einer Meinung. Er hatte keinen Sohn, also war ich vielleicht »der Sohn, den er nie hatte«. In gewissem Sinne war er der Vater, den ich nie hatte.

Seit ich in den USA lebte, schrieb Onkel Hugo mir regelmäßig. Seinetwegen bin ich später von Zeit zu Zeit zurück nach Deutschland gereist. Manchmal schrieb er so etwas wie: »Es ist schon lange her, dass wir uns gesehen haben. Wir müssen mal wieder ausführlich über die wirtschaftliche Situation in der Welt reden.« Wenn ich ihn besuchte, saß er gewöhnlich an seinem Schreibtisch in seinem Büro zu Hause, zündete sich eine Zigarre an, und wir tranken zusammen ein oder zwei Flaschen Moselwein. Wir unterhielten uns stundenlang. Das gab es mit meinem Vater nie, und auch nicht mit meiner Mutter. Onkel Hugo und ich hatten diese Gespräche bis zu seinem Tod. Er konnte gut zuhören, er nahm alles in sich auf. Er gab auch gute Ratschläge. Als Mary Ellen vor unserer Eheschließung 1961/62 in Berlin lebte und ich in Duke war, machte ich sie mit Onkel Hugo und seiner Frau Erika, einer Ärztin, per Post bekannt. Er mochte Mary Ellen sehr gern und lud sie ein, bei ihnen zu wohnen, was sie auch machte.

Er wusste, dass ich seinetwegen eine Geschäftskarriere einschlug, und er war voller Anerkennung für meinen späteren Erfolg, mehr als das meine Eltern zeigten. Dabei wusste er genau, worauf es ankam. Er kam während des Wiederaufbaus von Berlin zu beträchtlichem Wohlstand, und er kannte jeden. Er war anspruchsvoll, wie die meisten Geschäftsleute; aber er war auch stolz auf mich. Immer wenn ich im Geschäftsleben erfolgreich war, dachte ich bei mir: »Onkel Hugo würde das gefallen.«

Das letzte Mal sah ich ihn in den 70er-Jahren, als er in Berlin im Krankenhaus lag; ich hatte das Gefühl, dass er bei meinem nächsten Besuch nicht mehr am Leben sein würde. Und er wusste das wohl auch. Trotzdem unterhielten wir uns über die Wirtschaft, als wäre dies eins von vielen künftigen Gesprächen. Offensichtlich heiterte es ihn auf. Für mich war dieser Besuch sehr emotional, doch ich konnte es nicht zeigen. Als ich mich verabschiedete, sagte ich ganz lässig so etwas wie: »Also, ich hoffe, dir geht es bald wieder gut. Bis zum nächsten Mal.«

Es gab jedoch kein nächstes Mal.

Als ich meinen Eltern mitteilte, dass ich noch ein zweites Jahr in Duke bleiben würde, wollte ich sie nicht zu sehr beunruhigen und sagte: »Also gut, ich komme nach dem zweiten Studienjahr zurück.« Doch ehe ich nach Deutschland zurückreiste, arbeitete ich noch einen Sommer im Lido Beach Hotel, ungeachtet meiner Klage gegen das Hotel. Ich wurde zum Bademeister ernannt und musste die anderen Rettungsschwimmer beaufsichtigen. Am Ende des Sommers ging ich mit zwei Freunden auf eine Reise quer durch die Vereinigten Staaten. Einer von den beiden hatte in Duke Examen gemacht und wollte sein Studium als »Graduate« in Stanford fortsetzen. Dazwischen liegen rund 4.500 Kilometer, also nahmen wir sein Auto. Nachdem er uns in San Francisco abgesetzt hatte, fuhren wir per Anhalter zum Yellowstone National Park und kauften dann für 100 Dollar ein uraltes Auto, mit dem wir die ganze Strecke zurück an die Ostküste fuhren, ohne jegliche Versicherung.

Von New York reiste ich, wie ich gekommen war, nach Deutschland zurück: mit einem Passagierschiff. Diesmal bezahlte das American Friends Service Committee (AFSC) mein Ticket, weil ich einen Job bekommen hatte als Aufsicht für eine Gruppe von neunzig amerikanischen und europäischen Austauschschülern, die von der Organisation gesponsert wurden.

Wieder in Berlin wohnte ich im Alter von dreiundzwanzig Jahren in dem kleinen Haus auf dem Grundstück meiner Eltern, das aus einem ehemaligen Lagerschuppen umgebaut worden war. Ich studierte wie vorher mein Bruder an der Freien Universität.

In den ersten Semesterferien gelang es mir, bei Coopers &
Lybrand, aus der später die internationale Wirtschaftsprüfungsgesellschaft PriceWaterhouseCoopers hervorging, einen Job zu
bekommen. In Deutschland war die Firma als Treuhandvereini-
gung AG bekannt. Durch meine Banklehre hatte ich genug Erfahrung, um bei Wirtschaftsprüfungen mitzuhelfen. Sie schickten mich für zwei Monate nach Frankfurt, wo ich zu dem Team
gehörte, das die Hoechst AG prüfte. Das war eine der drei Nach-
folgefirmen der IG Farben, jenem großen Chemie-Unternehmen,
das die Alliierten nach dem Krieg aufgelöst hatten. Als Aktien-
gesellschaft war Hoechst zu einer Jahresabschlussprüfung durch
einen öffentlich bestellten Wirtschaftsprüfer verpflichtet. Meine
Aufgabe in Frankfurt war die eines Junior-Prüfers, die niedrigste
Stufe. Ich musste in erster Linie Buchungen nachverfolgen und
sicherstellen, dass sie ordentlich dokumentiert waren; dass es Ori-
ginalrechnungen und -quittungen gab und dass alles korrekt war.

Die nächsten Semesterferien verbrachte ich in Hamburg,
wo ich bei der von der Dresdner Bank gegründeten Deutsch-
Südamerikanischen Bank bei der Jahresabschlussprüfung mit-
arbeitete. Hamburg bot mir als Handelsstadt noch eine weitere
Möglichkeit, und zwar arbeitete ich auch bei der Revision einer
großen Werft für Handelsschiffe in Lübeck mit. Die folgenden
Semesterferien war ich in Berlin und dort in erster Linie mit der
Revision der Kindl-Brauerei beschäftigt.

Ich überlegte, ob ich ein Jahr in Frankreich studieren sollte,
fuhr mit meinem Motorroller los und sah mir ein paar französische Universitäten sowie die Universitäten in Lausanne und
Genf an. In Grenoble besuchte ich meine alte Freundin Sandy
Calloway, die gerade dort studierte. In Paris traf ich mich mit
Nancy Voltz, die ich in Philadelphia kennengelernt hatte; sie verbrachte ein Postgraduiertenjahr an der Sorbonne und wohnte bei
einer Gräfin in der Nähe des Arc de Triomphe. Nancy sah blen-
dend aus, war wirbelig und munter, und ich war ganz vernarrt
in sie. Also blieb ich länger als geplant. Im Juni 1961 machten
wir gemeinsam eine fünftägige Reise. Wir fuhren in ihrem roten Volvo von Hamburg nach Amsterdam, Egmond aan Zee und

Rotterdam, wo sie und ihr Volvo an Bord der *Nieuw Amsterdam* gingen, die sie nach New York bringen sollte. Auch wenn ich in dieser Zeit viel lernte, wurde nichts aus meinen Studienplänen in Frankreich.

Nach zwei Jahren sagte ich zu meinen Eltern: »Ich habe hier und ich habe drüben studiert, ich habe jetzt eine fundierte Meinung und muss euch sagen, dass das, was ich hier gelernt habe, nicht so gut ist wie das in den USA. Die Universitäten dort sind besser, und ich werde dort mein Studium abschließen.« Das war für sie nicht leicht zu akzeptieren. Ich erwähnte nicht, dass meine neue Freundschaft mit Nancy auch eine Rolle bei dieser Entscheidung spielte.

Ich war jetzt fünfundzwanzig, und nach vier Jahren Studium hatte ich nicht mehr vorzuweisen als ein sogenanntes Vordiplom von der Freien Universität. Duke hatte sich bereiterklärt, eines der beiden Studienjahre in Berlin anzuerkennen, sodass ich dort im vierten Studienjahr mit meinem Stipendium weiterstudieren konnte.

Wiederum war ich also auf einem Passagierschiff in die USA, und wiederum als Aufsicht einer Gruppe von Austauschschülern, unter ihnen Blythe Danner, die sich später als Schauspielerin einen Namen machte. Das war im August 1961.

Auf hoher See erreichten uns die bestürzenden Nachrichten, dass die Ostdeutschen die Grenze zwischen Ost- und West-Berlin geschlossen hatten. Wir erfuhren davon aus dem Nachrichtenüberblick, der täglich an Bord verteilt wurde.

Eigentlich war ich nicht sehr überrascht, als ich die Nachricht las. Früher in diesem Sommer hatten eine amerikanische Austauschschülerin und ich in West-Berlin ein Notaufnahmelager für Flüchtlinge aus Ostdeutschland besucht. Es war völlig überfüllt. Als wir fragten, woher der plötzliche Flüchtlingsstrom kam, hieß es: »Wisst Ihr nicht, dass sie (die ostdeutsche Regierung) die Grenze schließen wollen?«

Später erfuhr ich dann die Einzelzeiten: Die DDR hatte den gesamten Verkehr zwischen den beiden Teilen Berlins sowie

Die MS *Berlin* im Hafen von New York.

dem übrigen Ostdeutschland unterbrochen, anfangs mit einem
Stacheldrahtzaun und dann durch den Bau der Mauer, die West-
Berlin umschloss – 150 Kilometer lang. Entlang der Mauer verlief
auf der ostdeutschen Seite ein Streifen Land, der mit Landminen
versehen war, und auf der Mauer wurden Rohre und Stacheldraht angebracht. Alle zweihundert Meter stand ein Wachturm
mit bewaffneten Wachmännern. Auf der anderen Seite des leeren Landstreifens war wiederum Stacheldraht.

Als unser Schiff, die *Berlin*, ein paar Tage später in New York
anlegte, schwärmten Reporter und Kamerateams an Bord, zwei-
fellos wegen des Namens unseres Schiffes, denn die Berlinkrise
war das Thema Nummer eins in der ganzen Welt. Von den Re-
portern erfuhren wir, dass russische und amerikanische Panzer
sich an der Grenze in Berlin gegenüberstanden. Es sah so aus, als
könne jeden Augenblick der Dritte Weltkrieg ausbrechen.

Der Schiffskapitän kannte mich, weil ich eine große Gruppe
geleitet hatte, und er wusste, dass ich gut Englisch sprach und

gerade aus Berlin kam. Also schickte er die Reporter zu mir. So kam es, dass ich in der Schiffslounge Interviews gab, als wäre ich ein hohes Tier. Ein Interview wurde in den CBS Radionachrichten gesendet, während ich noch an Bord war. Ich habe es nie gehört. Aber ich habe noch Ausschnitte von diversen Zeitungen, die meine Interviews veröffentlichten.

Die ganze Situation kam mir surreal vor, weil ich noch nicht einmal zurück auf amerikanischem Boden war. Die andere Sache, die alles verkomplizierte, war meine Verantwortung für die Austauschschüler. Ihre jeweiligen Transporte vom New Yorker Hafen zu den unterschiedlichen Orten in den ganzen USA mussten organisiert werden. Eine junge Frau vom AFSC kam an Bord, um mir zu helfen. Mary Ellen Terrell und ich begegneten uns hier in diesem ganzen Durcheinander zum ersten Mal. Es war der 17. August 1961. Zwei Jahre später, auf den Tag genau, heirateten wir.

Wie erinnert sich Mary Ellen an unsere erste Begegnung?

Von Ingolf hörte ich zuerst in Philadelphia durch gemeinsame Bekannte beim American Friends Service Committee. Als ich in Philadelphia ankam, um für diese Quäker-Organisation zu arbeiten, redeten alle über »Ingolf«, als wäre er ein besonders geschätztes Familienmitglied, das überall dazugehörte. Eines Tages erhielt eine Freundin von mir einen Brief von ihm, in dem es in etwa hieß: »Eine Sache bereue ich wirklich. Als ich in Duke war, habe ich so hart gearbeitet, auch mit diesen ganzen Abendjobs, und so viel fürs Studium getan, dass ich gar nicht dazu gekommen bin, Shakespeare zu lesen. Jetzt würde ich die Tragödien gerne im Original lesen. Aber ich brauche einen fachkundigen Begleiter.« Darauf meinte meine Freundin: »Mary Ellen, du hast Englisch als Hauptfach studiert und dein Vater war Shakespeareprofessor, kannst du uns helfen?«

Ich sah meine Freundin an und sagte (ich schwöre, das stimmt wirklich): »Ich gehe in meiner Mittagspause los und kaufe A. C. Bradleys Shakespearean Tragedy... und diesen Mann werde ich heiraten.«

Ich hatte von allen gehört, dass Ingolf ein echter Überlebens-
künstler sei. Ich erfuhr, was er in Duke so gemacht hatte, wie er
diese tollen Noten bekam, dass er ein Problemlöser war und ein
ausgesprochen gutaussehender Typ. Ich dachte: »Mein Gott, das
ist die perfekte Kombination!« Ich meine, es klang so, als besäße
er alle Qualitäten, mit denen ich aufgewachsen war und die ich
so schätze: eine Offenheit für Literatur und Denken und das
Geschick, sich auch unter schwierigen Bedingungen durchzu-
setzen. Ich hatte nur ein Foto von ihm gesehen, aber von seinem
Äußeren konnte ich schließen, dass er wirklich ein Mensch war
und kein Gnom. Natürlich lachten meine Freunde mich aus.
Aber sie lachten nicht mehr, als ich mich um einen Job in Berlin
bewarb in der Annahme, dass er dort sei; dass er zurück in die
Staaten kam, wusste ich nicht!

Mein Plan war, meinen Job in Philadelphia aufzugeben, ei-
nen Job in Berlin zu finden und dann Deutsch zu lernen. Meinen
Eltern sagte ich nicht, was der eigentliche Grund war, weshalb
ich rübergehen wollte; ich sagte ihnen, dass ich im Ausland stu-
dieren wollte, was ja plausibel war. Zu der Zeit – 1961 – fand
ich zwei Orte wirklich interessant: Beirut und Berlin. Das war
mein Gefühl. In Berlin sprach man Deutsch, was leichter zu
lernen war als Arabisch, und in Berlin war Karl – oder Ingolf,
wie er damals noch hieß. Natürlich hatte er keine Ahnung von
meinen Plänen oder von mir. Er hatte noch nicht einmal mei-
nen Namen gehört. Ich weiß, es klingt sehr spontan, aber ich
schaue die Dinge immer von allen Seiten an. Und ich dachte,
selbst wenn ich in Deutschland merken sollte, dass Ingolf ein völ-
liger Blödmann ist, wäre ich immer noch in Berlin, in einer sehr
aufregenden Stadt. (Wie aufregend es tatsächlich war, sollte ich
erst noch entdecken, nach dem Bau der Mauer.) Also bewarb
ich mich für das Berlin-Programm des AFSC, bekam die Stelle,
kaufte mir ein Lehrbuch »Deutsch für Anfänger« und ein Ticket
für die Abreise in sechs Monaten.

Alles perfekt! Außer einem Haken: Zwei Wochen, ehe die
Reise losgehen sollte, hörten meine Freunde, dass Ingolf be-
schlossen hatte, in die Staaten zurückzukommen und sein vier-

tes Studienjahr in Duke zu studieren. Ich hatte gepackt, meine Brücken waren abgebrochen, und ich dachte: »Man kann nicht alles haben.« Es sollte wohl nicht sein. Allerdings lernte ich Ingolf vier Tage, ehe es losging, tatsächlich kennen, als sein Schiff in New York ankam ...

Ich ging auf ihn zu und sagte: »Ich heiße Mary Ellen Terrell. Ich arbeite beim AFSC und werde dir mit den Schülern helfen.« Ich war sehr geschäftsmäßig. Aber mir gefiel wirklich vom ersten Moment an, wie er tickte. Ingolf kann sich heute nicht mehr an diese erste Begegnung erinnern, wie soll er auch. Wir waren beide sehr eingespannt und redeten vielleicht zehn Minuten, um unsere jeweiligen Strategien abzustimmen, sodass die Schüler ihren neuen Gastfamilien in der Nähe vorgestellt wurden und die anderen ihren Zug in den Mittleren Westen und ihren Flug an die Westküste bekamen. Danach blieben noch vier Tage, die wir außerhalb von Philadelphia in Pendle Hill verbrachten. In diesem landschaftlich schön gelegenen Quäker-Konferenzzentrum trafen sich die neu angekommenen europäischen Schüler, die in der Umgebung bleiben würden, mit amerikanischen Schülern, die gerade von ihrem Auslandsaufenthalt zurückkamen. Für die jungen Leute war es eine Art Orientierung bzw. Rückgewöhnung.

Ein paar Funken sprangen über zwischen Ingolf und mir – trotz der Tatsache, dass das Timing komplett gegen uns war. Wir würden ein Jahr lang getrennt sein. Ich habe mich wohl in ihn verliebt. Und wie sich dann herausstellte, ging es ihm ähnlich. Ich erinnere mich noch an jede einzelne Bemerkung, die er in diesen vier Tagen sagte, und wie er sich verhielt. Ich erinnere mich noch, wie er mit einem deutschen Schüler über Politik diskutierte; und wie Ingolf diesem Jungen mit so viel Würde und Respekt zuhörte, das fand ich toll ... halt so subtile kleine Dinge. Und vor allem erinnere ich mich noch an einen Abend in Pendle Hill; er und ich und ein Freund saßen nach dem Abendessen zusammen, und ich erzählte Ingolf von meinen Plänen, nach Berlin zu gehen.

Er fragte: »Wie alt bist du?«

»Ich bin 23.«

*»Du gehst also für ein Jahr nach Berlin? Nach meiner Er-
fahrung mit den Mädchen in Duke wollen sie alle wie verrückt
heiraten; sonst haben sie nichts im Sinn.« Und dann meinte er
noch, »Hast du denn nicht Sorge, dass du sitzenbleibst?« (So
etwa redete man über Frauen, die für Männer mit Heiratsab-
sichten nicht wirklich verfügbar waren.)*

*Das ist mir unvergesslich, eine derart direkte Frage. Ich dach-
te mir: »Hier ist jemand, der wirklich zur Sache kommt, der mit
dir ohne all diese Spielchen redet, diese Mann-Frau-Spielchen«,
was ja in den 50er- und 60er-Jahren sehr verbreitet war.*

*In diesen vier Tagen lernten wir uns kennen, aber nach au-
ßen war es ganz geschäftsmäßig. Allerdings bot er an, mich in
New York zu meinem Schiff zu begleiten. Meine Eltern waren
aus Oregon gekommen, und meine Schwester war da, und alle
wollten sich von mir verabschieden. Vermutlich wunderten sie
sich, warum ich so viel Zeit mit diesem total Fremden verbrachte
statt mit ihnen. Später schrieb ich Ingolf vom Schiff einen Brief,
und er antwortete sofort. Wir schrieben uns gegenseitig; zehn
Monate lang flogen die Briefe hin und her. Und auf diesem pos-
talischen Weg verliebten wir uns.*

Nach diesen hektischen Tagen im August 1961, als ich im Hafen
von New York jene »Experteninterviews« gab, war ich schließlich
wieder auf sicherem Boden. Das Leben ging in schnellem Tempo
weiter. Ich nahm wieder Kontakt mit Nancy Voltz auf, die jetzt
in New York lebte und für die Chase Manhattan Bank arbeitete.
(Mary Ellen sah ich erst zwei Tage später, und erst dann sprang
der Funke über.)

Außerdem tauchte mein Stubengenosse aus Duke, Jim Whitlock, in New York auf. Er hatte sein Studium abgeschlossen und
wollte nun ein Postgraduiertenjahr in Berlin verbringen. Ich
sorgte dafür, dass er auf dieselbe *Berlin* kam, mit der ich gerade angekommen war, und am 19. August 1961 ging seine Reise
los. Jim hatte bereits sein drittes Studienjahr in München ver-
bracht und sprach hervorragend Deutsch. Auch Spanisch konnte

er gut. Später kam dann noch Dänisch dazu, wegen einer dänischen Freundin, Französisch, Swahili und vermutlich weitere Sprachen. Er ging für viele Jahre in den Diplomatischen Dienst und machte seine Sache ausgezeichnet. Er und seine Frau Carol gehören immer noch zu meinen besten Freunden.

Dann ging es zu einem Orientierungstreffen für die nach Europa aufbrechenden Austauschschüler in dem Quäker-Zentrum in Pendle Hill, außerhalb von Philadelphia. An diesem idyllischen Ort lernte ich Mary Ellen besser kennen, und ich fand sie unerhört attraktiv. Aber es war keine Zeit, nicht einmal zwei Tage, ehe sie nach New York fuhr und dann nach Deutschland. Ich beschloss, mit ihr in dem Schülerbus nach New York zu fahren. Wir besichtigten Greenwich Village und die Freiheitsstatue. An Bord der *Bremen* fand eine Abschiedsparty für die Passagiere und ihre Freunde und Familien statt. Und dann war sie verschwunden.

Ich wusste nicht, wie ich die Situation einschätzen sollte. Die Vernunft sagte, dass daraus nichts werden könnte, weil ich sie vielleicht zwei Jahre nicht mehr sehen würde; das Gefühl sagte etwas ganz anderes. Aber für den Moment konnte ich nichts tun, außer mein Studium in Duke zu Ende zu bringen.

Mit Beginn des Studienjahres wohnte ich im Bell Building, dem biochemischen Institut, das zum Medical Center gehörte. Dort hatte ich einen Job als Nachtwächter, dazu musste ich Räume inspizieren, medizinische Geräte prüfen, die über Nacht liefen, und die Tiere im Auge behalten, die für medizinische Forschungszwecke gebraucht wurden. Diese Tiere zu sehen, zerriss mir oft das Herz, weil bei manchen die Operation noch nicht abgeschlossen schien und sie oft unzureichende Schmerzmittel bekamen. In dieser Zeit führte ich auch statistische Korrelationsanalysen bei Experimenten mit Hühnern durch. Wozu das gut war, weiß ich allerdings nicht mehr.

Ich war der einzige, der im Bell Building wohnte. Mein Zimmer war ein ehemaliges Labor, und meine Post wurde in ein Regal gelegt, das man durch das Milchglasfenster meines Zimmers sehen konnte. Wenn ein Brief von Mary Ellen kam, konnte ich ihn wegen seiner auffälligen Luftposttränder durch das Glasfenster erkennen. Selbst wenn ich versuchte auszuschlafen, nachdem ich die ganze Nacht auf gewesen war, sprang ich aus dem Bett, sobald ich diese Luftpostbriefe sah, zog mich an und holte mir den Brief. So verliebte ich mich in Mary Ellen, per Post.

Es war schon merkwürdig, und ich konnte es mir selber nicht erklären: schon bald bedeutete mir ein Brief von Mary Ellen mehr als die persönliche Gegenwart von Nancy, die noch offiziell meine Freundin war und die so oft wie möglich nach Duke kam. Ich besuchte sie auch zu Thanksgiving und Weihnachten 1961 in Philadelphia. Nancys Eltern hatten ihre Tochter und mich in dem Jahr sogar in Deutschland besucht und machten – wie Nancy selbst auch – beim Weihnachtsbesuch unmissverständliche Andeutungen über eine Verlobung, was mich in Panik versetzte. Danach ließ ich die Beziehung abkühlen und schließlich enden. Ich konzentrierte mich stattdessen auf meine Luftpostbriefe.

Mary Ellen erinnert sich:

Ich kam in Bremerhaven an, wo das Schiff einlief. Als ich mich umschaute, sah ich Straßenszenen, die wie aus der Wochenschau wirkten – all diese Straßenbahnschienen. Ich musste dabei an die Bilder in schwarz-weiß denken mit Judenkindern, die für ihre Deportation aufgereiht da standen. Zu der damaligen Zeit fand ich Deutschland wirklich beängstigend; der Krieg war ja erst 16 Jahre zuvor zu Ende gegangen.

Ich bin mit diesen Bildern aufgewachsen, und bis heute kann ich nicht ohne ein sehr negatives Gefühl an diesen Teil der deutschen Geschichte denken. Mir war klar, dass es unendlich viele Seiten des deutschen Wesens gibt und dass man natürlich nicht jeden Deutschen nach den Verbrechen der Hitler-Zeit beurteilen kann. Aber...

Als ich beim Goethe-Institut in Rothenburg ob der Tauber ankam, wo ich zwei Monate einen Intensivkurs in Deutsch besuchen wollte, schrieb ich Ingolf. Ich sagte ihm, dass es wegen

der Geschichte Dinge an Deutschland gäbe, die mir Angst mach-
ten. Wenn ich mit Leuten redete, auch mit netten Leuten auf
der Straße oder mit der Familie, bei der ich wohnte, würde ich
immer darauf warten, dass ihre Vorurteile zutage treten.

Er schrieb mir einen wunderbaren Brief zurück, in dem er
erklärte, dass er dieselben Gefühle habe! Er sagte, der National-
sozialismus und der Holocaust seien für ihn entsetzlich; die vie-
len unschuldigen Opfer schmerzten ihn. Er schrieb, er sei zu der
Erkenntnis gekommen, dass er im falschen Land zur falschen
Zeit geboren wurde. Wenn er seine Staatsbürgerschaft ändern
könnte, würde er das tun, was er ja später auch getan hat.

Beim Lesen dieses Briefes dachte ich, wie gut es war, dass er
sich schriftlich äußerte und eigentlich sein Innerstes zu Papier
brachte. Hätten wir irgendwo auf einem Sofa zusammengeses-
sen, hätte er sich wohl nicht so öffnen können, denke ich.

Mary Ellen bemühte sich in geradezu detektivischer Arbeit, meine Familie kennenzulernen. Während sie 1960/61 in Berlin lebte,
fand sie in langen Einzelgesprächen mit meiner Mutter und meinem Bruder, ja sogar mit meinem Vater, Einzelzeiten darüber
heraus, wie meine Familie Hitler wahrgenommen hatte:

Dabei fand ich einiges heraus, was Ingolf wohl selbst nicht wuss-
te, zumindest zum damaligen Zeitpunkt. Ich verbrachte viel Zeit
mit seiner Familie, nachdem Ingolf mich per Post mit ihnen be-
kannt gemacht hatte.

Ingolfs Mutter Erika wurde meine beste Freundin. Es war
leicht, sie kennenzulernen; sie war sehr aufgeschlossen. Wenn
sie über den Krieg sprach, sagte sie, dass sie sehr naiv auf die Po-
litik und ihre Folgen geschaut habe. Sie fand Hitler ganz in Ord-
nung. Aber als sie sah, dass die Juden Armbinden trugen, war
sie schockiert. Ich glaube nicht, dass sie die geringste Vorstellung
davon hatte, was mit ihnen passierte. Wenn dies doch der Fall
war, dann hat sie es mir nie erzählt. Sie lebte in der Vorstadt
und hatte ihre Kinder und kümmerte sich darum, die Familie
zu versorgen. Sie hat mir erzählt, dass sie keine Zeitung las; sie

hatte beispielsweise nicht gelesen, dass Lehrer ihre Arbeit verlo-
ren. Ich glaube, sie war einfach nur eine Bilderbuch-Hausfrau.

Nachdem Ingolf und ich verheiratet waren und Ellen, unser
erstes Kind, geboren war, kam Erika zu uns nach Philadelphia
zu Besuch. Eines Abends konfrontierte Ingolf seine Mutter we-
gen der Kriegsjahre und des Nationalsozialismus.

»Wusstest du das alles denn nicht? Warum hast du nichts
gewusst?«

»Wir wussten einfach nichts, verstehst du.«

»Warum hast du dich denn nicht informiert? Hast du keine
Fragen gestellt? Hast du nicht die Zeitung gelesen? Wie kann
es sein, dass du nicht wusstest, was los war? Als die Dinge tat-
sächlich passierten und du wusstest, dass es schreckliche Zeiten
sind, warum hast du nichts getan? Wie konntest du so eine Mit-
läuferin sein?«

»Überleben … verstehst du? Ich wollte euch am Leben hal-
ten. Was sollte ich tun?«

»Warum habt ihr nicht das Land verlassen, als ihr merktet,
was da los war, warum seid ihr nicht gegangen?« Natürlich ist
mir klar, dass Ingolf ganz bewusst war, dass es so einfach nicht
war.

Die ganze Szene war furchtbar. Ich merkte, dass ein der-
artiges Gespräch noch nie stattgefunden hatte. Ich habe keine
Ahnung, was dazu führte, dass das alles explodierte irgendwie.
Bis heute fühle ich mich schuldig, dass ich nicht einschritt und
sie vor ihm beschützte. Erika weinte. Aber irgendwie löste sich
dann mit Umarmungen und Entschuldigungen alles. Und ich
glaube, Ingolf hat ihr nie wieder Vorwürfe gemacht. Ich glaube,
er hatte viele aufgestaute Gefühle; diese Fragen hatten ihn schon
lange verfolgt.

Was seinen Bruder Jürgen betrifft hatte ich den Eindruck,
dass er ebenfalls starke Schuldgefühle hatte, Deutscher zu sein.
Mit vierzehn hatte er Mein Kampf gelesen; er erzählte, dass er
seine Eltern damit konfrontierte, die das Buch aber nicht gelesen
hatten. Sie wiesen es ab als bloße Rhetorik, die man nicht ernst
nehmen müsse. Er war für sein Alter sehr reif.

Nach dem Krieg gab es ein eine Art internationales Jugend-
programm, bei dem junge Deutsche in andere Länder fahren und
den Bauern auf dem Feld helfen konnten; so eine Art symboli-
sche Wiedergutmachung. Also ging Jürgen nach Norwegen, aber
dort litt er dann stark unter Asthma und bekam kaum Luft; er
war in einem schlechten Zustand. Doch er zog das Programm
bis zum Ende durch. Das war noch vor seinem juristischen
Staatsexamen. Danach hat er sich vor allem um jüdische Resti-
tutionsfälle gekümmert.

Er sagte mir, dass er sich furchtbar schuldig fühlte, mit solchen Fällen Geld zu verdienen. Natürlich bekam er kein Geld
von den Mandanten. Ich denke, das kam wesentlich von der Regierung oder einer anderen Seite. Trotzdem empfand er seinen
Lohn als Blutgeld, als »schmutziges« Geld. Andererseits tat er
für all diese Leute wirklich Gutes.

Jürgen sprach auch davon, wie schwierig es war, als sein
Vater aus Russland zurückkam. Der Vater meinte, alles sei
jetzt wieder unter seiner Kontrolle. Er sei der Patriarch und alle
müssten vor ihm die Hacken zusammenschlagen. Aber Jürgen,
Gisela und Ingolf waren keine Kinder mehr; Jürgen gab sich
wirklich viel Mühe, mit seinem Vater in Kontakt zu kommen,
von Mann zu Mann, nur sie beide. Ihr Vater Werner öffnete
sich aber nicht. Er sprach nicht über den Krieg und über Politik. Jürgen ging weiter. Er stellte ihm andere Fragen: »Was hast
du von Hitler gehalten? Wusstest du, was los war? Was war
dein Eindruck von der Zeit? Konntest du nicht sehen, worauf
es hinausläuft? Und was hast du jetzt für Gefühle, jetzt, da du
Bescheid weißt? Und seit wann weißt du Bescheid? Seit wann
weißt du, was die Nazis getan haben?« Diese ganzen Fragen zu
stellen – ähnlich wie die Fragen, die Ingolf seiner Mutter Jahre
später stellte –, war, als würde er fragen: »Wo war deine Seele?
Wo ist deine Seele jetzt?« Er packte seinen Vater mit Worten am
Kragen, aber über den ersten Schritt kam er nie hinaus. Jürgen
sagte immer wieder: »Du musst offen sein. Erzähl mir irgendetwas, egal was. Aber rede mit mir.« Ein wirkliches Gespräch kam
aber nicht zustande.

Es tat beiden weh. Werner ging nicht aus sich heraus, das war nicht seine Art, anders als Jürgens Mutter. Werner war höflich, und er hatte einen netten altmodischen Humor. Er hätte irgendwer auf einer Cocktailparty sein können, der da Smalltalk macht. So war er eben.

Mary Ellen erkannte mit dem allergrößten Scharfsinn, genauer als jeder andere, was offenbar der tiefsitzende Antisemitismus meines Vaters war.

Werner und ich saßen zusammen und unterhielten uns über unsere Herkunft. Ich erzählte ihm von meiner Zeit am Earlham College in Indiana im Mittelwesten und wie naiv ich war, weil ich aus Oregon kam. Als ich in Earlham anfing, ursprünglich ein Quäker-College, waren etwa zwanzig Prozent jüdische Studierende dabei. Viele von ihnen kamen aus New York und waren vor dem Studium auf private Quäker-Schulen gegangen. Der erste Junge, mit dem ich ausging, war Mike Wieder. Wir waren richtig gute Freunde. Einmal fragte ich Mike, ob er Quäker sei. Und er sah mich an und lachte und sagte: »Schau dir dieses Gesicht an! Du fragst mich, ob ich Quäker bin?« Und dann wurde mir klar, dass ich, da ich aus McMinnville kam, wahrscheinlich noch nie einen Juden gesehen hatte. Jedenfalls erzählte ich das Werner so.

Er antwortete: »Du bist mit einem Juden ausgegangen?«

»Oh ja, er sah sehr gut aus und war ein toller Typ.« Ich wollte ihn wohl ein wenig aufziehen.

Und Werner meinte: »Ein Jude? Sie sind hässlich. Sie tragen diese komischen Hüte und Locken im Gesicht.« Das sagte mir alles. Nach außen mag er höflich gewesen sein, aber er war ein echter Antisemit. Es empörte mich. Auch wenn es kein Schock war, denn er hatte von vielem keine Ahnung. Doch es ist eine Sache, ahnungslos zu sein, und eine andere, richtig antisemitisch zu sein.

Onkel Hugo, der bekanntermaßen vom ersten Tag an gegen Hitler war, erzählte mir, dass er kurz nach Kriegsbeginn mit

Werner über die Lage der Juden sprach. Er war in einem Zug gewesen, der nah genug an einem der großen Konzentrationslager vorbeifuhr, sodass er den Stacheldrahtzaun und die ausgemergelten Gefangenen dahinter sehen konnte. »Wenn die Juden hier mit Lastern abgeholt werden, kommen sie da hin.« Werner wies das empört zurück. »Nein, da irrst du dich, das kann nicht sein.« Entweder wollte er Hugo nicht glauben; oder er wusste Bescheid und wollte es nicht zugeben. Dies alles werden wir nie erfahren. Die Familie beschrieb Werner immer als sehr naiv. Auf eine kindliche Art naiv, obwohl er auch genial war.

Die Familie erzählte, dass Werner nie über seine Erfahrungen als Kriegsgefangener sprach, aber eine Beobachtung teilte er doch mit mir. Er sagte, er sei einer der ältesten Gefangenen gewesen. Er war ja schon Mitte vierzig, als er wieder in den Krieg zog. Er lebte mit den anderen Offizieren zusammen, von denen die meisten viel jünger waren als er. Und die Sterberate bei den jüngeren war viel höher als bei den älteren. Seine Meinung dazu war, dass die älteren Gefangenen Familien hatten, die sie brauchten und zu denen sie unbedingt zurückkehren wollten. Das war ihr Ansporn, am Leben zu bleiben. Sein einziges Ziel war, wieder nach Hause zu kommen, wieder Vater zu sein, seine Rolle zu übernehmen und seine Familie zu retten. Viele jüngere Offiziere wussten einfach nicht, wo sie hingehörten.

Für meine Generation, die in der Nazizeit Kinder waren, ist der Versuch zu verstehen, was geschah, was unseren Familien, der übrigen Bevölkerung und den Millionen Opfern von Krieg und Vernichtung geschah, eine Last, die nie von den Schultern genommen wird. Weil dazu andererseits eben auch das Wissen gehört, dass Deutschland dafür verantwortlich war, das Land, in dem wir geboren wurden, ob uns das passte oder nicht. Jeder von uns lebt mit dieser Schuld und Scham, genau wie das jüdische Mädchen es mir im Lido gesagt hatte.

Im Herbst 1961 hielt Henry Kissinger einen Vortrag in Duke. Ich glaube, zu der Zeit lehrte er noch in Harvard, aber er war bereits als Berater von Präsident John F. Kennedy tätig. Er sprach

Mit Henry Kissinger an
der Duke University, 1961.

über Berlin und behauptete, dass die US-Regierung keine Ahnung hatte, dass die Mauer gebaut werden würde.

Nach dem Vortrag gab es einen Empfang für den Gast. Ich
erzählte ihm, dass ich vor kurzem aus Berlin gekommen war,
erzählte von meinem Besuch im Notaufnahmelager und dass
alle erwartet hatten, dass die Grenze bald geschlossen werden
würde. Aber Kissinger bestand darauf, dass die US-Regierung
vorher keinerlei Kenntnis davon hatte. Dazu dachte ich mir mein
Teil: Entweder war der amerikanische Geheimdienst völlig inkompetent oder Kissinger sagte nicht die Wahrheit. Heute bin
ich überzeugt, dass wohl das Letztere zutrifft. Politiker haben
ein kompliziertes Verhältnis zur Wahrheit. Oder er stand damals
der Regierung nicht nah genug und wusste wirklich nicht, was
los war, aber das gestand er nicht ein.

Viel später hatte ich wieder Kontakt mit Henry Kissinger, als
wir beide im Aufsichtsrat der American Academy in Berlin waren und danach dann gemeinsam Vorsitzende wurden. Ich fand
ihn privat sehr einnehmend, sehr gescheit und selbstironisch.

Mit Henry Kissinger bei einem Vorstandstreffen der American Academy Berlin in New York, 2008.

In meinem letzten Studienjahr in Duke riet mir ein Professor, ein Graduiertenstudium zu machen und einen MBA zu erwerben. »Wir können für dich ein Vollstipendium an der University of Chicago bekommen.« Damals hatte die University of Chicago der Duke University einen Freiplatz gewährt, sodass die Professoren pro Jahr einen Studenten benennen konnten, den sie für qualifiziert für ein Stipendium in Chicago hielten. Das war sehr verlockend. An der University of Chicago lehrte der legendäre Milton Friedman, bekannt für seine Theorie der Freien Marktwirtschaft. Chicago bot ein umfassendes Curriculum, in dem man Ökonometrie und dergleichen lernen konnte. Zudem war die Universität sehr anspruchsvoll. Hier wurde der akademische Führungsnachwuchs ausgebildet. Das allerdings war nicht mein Ziel.

Dann bot mir Harvard ebenfalls ein Vollstipendium an, das sogenannte »Burlington Knitting Mills«-Stipendium. Es wurde einem Studenten aus North Carolina gewährt (zu der Zeit sah man mich als solchen an), der an einer dortigen Universität Examen machte.

Ich fuhr nach Harvard und erkundigte mich über die Universität und das Stipendium. Schon damals galt Harvard als die Hochschule mit der besten Business School des Landes. Das Stipendium, sagte man mir ganz offen, sei mit einer inoffiziellen Bedingung verknüpft, »dass Sie nach North Carolina zurückgehen, wenn Sie Ihren MBA haben. Tun Sie das nicht, passiert nichts, aber wir müssen Ihnen sagen, dass das von der Firma Burlington so gewünscht wird. Sie möchten, dass Sie etwas für North Carolina tun, weil die Firma dort ihren Standort hat.« Dies bezog ich also in meine Überlegungen ein.

In der Zwischenzeit hatte man in Wharton (Philadelphia), wo die Business School der University of Pennsylvania ansässig war, von mir gehört, und auch von dort kam ein Angebot. Sie warben für ein Stipendium, in dem der Studienschwerpunkt im Finanzfach lag. Wharton gehört ebenfalls zu den besten Business Schools im Land, aber es hatte für mich den Vorteil, dass Mary Ellen bald nach Philadelphia zurückkommen würde. Damit fiel die Entscheidung für Wharton.

Die Abschlussfeier in Duke fand am 4. Juni 1962 statt. Bereits Monate zuvor hatte ich meine Eltern darüber informiert; ich hatte ihnen klargemacht, dass die Graduation in den Staaten eine große Sache ist. Ich wusste, dass sie nicht viel Geld hatten, und dennoch hatte ich gehofft, sie würden kommen. Sie schrieben nie zurück. Es interessierte sie einfach nicht. Vermutlich waren sie noch immer der Meinung, dass ich in Amerika etwas tat, was sie nicht gutheißen konnten. Sie sahen nicht ein, warum ich nicht in Deutschland studierte. Die Graduierungsfeier fand also ohne sie statt.

Ihre Gleichgültigkeit verletzte mich etwas. Immerhin waren die Eltern der anderen Studenten gekommen, auch Verwandte und Freunde. Ich hatte niemanden. Zum Glück hatte ich ein paar gute Freunde, die mich zu ihren Dinners und zu den anderen Aktivitäten im Zusammenhang mit der Feier einluden.

Schließlich merkte ich, dass es wahrscheinlich besser war, dass meine Eltern nicht dabei waren. Mit ihren mangelnden Englischkenntnissen wäre der Besuch für sie mühsam gewesen, und für mich auch. Viel zu viel hätte der Erklärung bedurft.

Der Sommer 1962

Nachdem ich mein Examen in der Tasche hatte, nahm ich Kontakt auf zu Coopers & Lybrand, der zweitgrößten Wirtschaftsprüfungsgesellschaft in den USA, und zwar mit ihrem Büro in Philadelphia. Ich sagte ihnen, dass ich für ihre deutsche Schwestergesellschaft gearbeitet hatte. Sie stellten mich für diesen Sommer zwischen College und Graduiertenstudium ein. Es wurde dann allerdings viel mehr als ein Aushilfsjob: Ich wurde zu einem sehr intensiven vierwöchigen Trainingsprogramm an der Drew University in New Jersey geschickt, das uns Auszubildende darauf vorbereitete, zu den Mandanten zu gehen und Wirtschaftsprüfungen durchzuführen.

Im Herbst war ich dann bereit, das MBA-Programm in Wharton zu beginnen. Aber in der Zwischenzeit sollte etwas Aufregendes passieren, auf das ich mich schon den ganzen Sommer gefreut hatte: Ich fuhr nach Berlin und kam Ende August mit Mary Ellen nach Philadelphia zurück. Sie hatte beschlossen, in die Staaten zurückzukehren.

Im Juli – Mary Ellen war noch in Berlin – machte ich mich mit ihrer Schwester Nancy, die mit ihrem Mann in Philadelphia lebte, auf die Suche nach einer Wohnung für Mary Ellen. Ich wusste, dass ich im Wharton MBA Haus in der Chestnut Street wohnen würde, und ich wollte sie in der Nähe haben. Nancy begleitete mich, weil niemand akzeptiert hätte, dass ich, ein deutscher Student, für eine alleinstehende junge Frau, die noch in Europa war, eine Wohnung mietete. Mary Ellens Budget belief sich auf sechzig Dollar im Monat, das war selbst in der damaligen Zeit eine echte Herausforderung. Aber nach zwei Tagen fanden wir ein Einzimmerappartement in meiner Nähe.

Am 19. und 20. August nahm ich nochmals an einem Orientierungstreffen für Austauschschüler in Pendle Hill teil. Mir war es wieder gelungen, als Betreuer kostenlos zu reisen. Diesmal fuhren wir auf der *Bremen* nach Europa. Am 29. traf ich Mary Ellen nach über einem Jahr erstmals wieder. Es war etwas merkwürdig. Wie kannten uns persönlich ja kaum, aber unsere romantische Korrespondenz hatte sich so schnell entwickelt, dass jetzt die Wirklichkeit rasant aufholen musste.

Mary Ellen wohnte immer noch bei Onkel Hugo und Erika, während ich bei meinen Eltern wohnte. Nur selten konnten wir allein sein. Und natürlich arbeitete sie noch, und zwar war sie seit ihrer Ankunft in Berlin sehr engagiert in riskanten humanitären Schmuggeleien über die Grenze zwischen Ost und West. In Mary Ellens eigenen Worten:

Nach zwei Monaten Sprachunterricht in Rothenburg kam ich im Oktober 1961 nach Berlin. Ich kam schnell in Kontakt mit Leuten, die mich bei einem Studententreffen ausgespäht hatten. Sie forderten mich auf, mit meinem Pass jemanden aus dem Osten rauszuholen. »Wir kennen ein Mädchen, das dir ähnlich genug sieht, sodass man sie mit deinem Pass rausholen könnte; leih ihn uns einfach nur.«

Die Mauer war gerade errichtet worden, und fast alle taten etwas, um die Situation erträglicher zu machen. Aber ich gab meinen Pass nicht her. Vom Amerikanischen Konsulat erfuhr ich, dass ich deportiert würde, wenn jemand mit meinem Pass gefasst würde. Doch dann ergaben sich andere Möglichkeiten zu helfen.

Ich begann, zwischen West- und Ost-Berlin hin- und herzufahren. Als Amerikanerin war es relativ einfach, an den Grenzübergängen durchzukommen, meistens hatte ich Nachrichten für irgendwelche Leute zu übermitteln. Selbst Familienmitglieder, die ganz nah beieinander wohnten, waren jetzt durch die Mauer getrennt und hatten es unglaublich schwer, miteinander in Kontakt zu bleiben. Um beispielsweise von Ost-Berlin nach West-Berlin zu telefonieren, musste der Anruf erst nach Frankfurt/Main gehen, und dann von dort zurück. Es gab keine direkten Telefonverbindungen zwischen den beiden Teilstädten.

Onkel Hugo und seine Frau Erika, sitzend, und Mary Ellen, in der Mitte stehend.

Und jedes Gespräch wurde abgehört und aufgezeichnet. Es war sehr schwierig.

Die Menschen im Westen bemühten sich sehr, Familienangehörige, Partner oder Freunde aus dem Osten zu erreichen, und sie schickten Leute wie mich mit Nachrichten an bestimmte Menschen rüber.

In dieser Zeit hatten wir »Grenzgänger« einen Freund und Studenten namens Joel Baumann, der aus Israel stammte, aber dessen ganze Berliner Familie im Holocaust umgekommen war. Er hatte viel aufgestaute Wut im Bauch. Er war als Student nach Berlin zurückgekehrt, und er erwies sich als große Hilfe für Leute wie mich. Jeden Morgen überquerte er die Grenze und benahm sich dabei immer so auffällig, dass die ostdeutschen Grenzpolizisten ihn grundsätzlich durchsuchten, egal welche Kontrolle gerade angesagt war. Es gab jeden Tag eine andere Art von Durchsuchung; jeden Morgen zirkulierte eine Nachricht an

alle Grenzposten, in der es etwa hieß, »Heute gibt es eine Hand-
taschen- (oder Kleidungs- oder Körper-)kontrolle.« Joel kehrte
dann gleich wieder zurück in den Westen und begann eine Te-
lefonkette, in der allen mitgeteilt wurde, was für eine Durchsuchung an dem Tag dran war. Wenn also eine Handtaschenkon-
trolle bevorstand, nähte ich schnell Dinge wie Zigaretten oder
Kaffee – die hatten einen hohen Tauschwert – in das dicke Futter eines weiten Mantels, den ich tragen würde. Ich brachte auch
einer Frau ein Herzmedikament, das sie im Osten nicht bekommen konnte. Die Grenzer wichen nie von ihren Anweisungen
ab. Die Nachrichten von West-Berliner Familien und Freunden
mussten allerdings immer mündlich überbracht werden.

Ich nahm diese Risiken auf mich, weil es mir das Herz
brach, wie die Menschen voneinander getrennt waren und wie
furchtbar ihr Leben dadurch wurde. Ich wollte ihnen unbedingt
helfen, dass sie da rauskamen. Ich war in einer Quäkerfamilie
aufgewachsen, und wir dachten immer an die weltweiten Ereignisse und an die Not der Menschen auf der Welt, doch vor
Berlin war ich nie selbst an irgendeiner politischen Aktion beteiligt, an keinen Demonstrationen. Allerdings war ich hinter
den Kulissen aktiv. Im Sommer 1958 – noch vor der Gründung
des Peace Corps[5] – arbeitete ich in einem Sommerlager des American Friends Service Committee in einem kleinen Dorf in Me-
xiko mit, da half ich bei Schutzimpfungen und beim Einrichten
einer Bibliothek. Ich entwickelte ein Programm zur Ausbildung
in Erster Hilfe für die Dorfbewohner. Aber richtig politisch war
das nicht.

Jetzt in Berlin hatte ich mich gut informiert, und ich wusste,
wenn man mich als Amerikanerin ertappte, müsste ich höchs-
tens eine zweijährige Gefängnisstrafe absitzen. Ehemaligen Tä-
tern zufolge waren die Gefängnisse in Ostdeutschland »okay«.

Tatsächlich wurden ziemlich viele Amerikaner festgenom-
men. Darüber wurde in den Medien nicht berichtet, weil weder
die amerikanische noch die westdeutsche Regierung irgendwelchen Wirbel um diese Vorkommnisse haben wollten. Ich hatte
gehört, dass jemand für etwas Schlimmeres als Nachrichten-

Mary Ellen,
Schmugglerin
zwischen Osten
und Westen,
1961–1962.

übermittlung acht Jahre Haft bekam. Ob er die Strafe ganz ab-
saß, weiß ich nicht.

Ein Jahr lang ging ich etwa dreimal pro Woche über die
Grenze, zusammen etwa 150 Mal. Ich hatte nicht so sehr Angst,
mit etwas ertappt zu werden, das ich mitführte, als vielmehr
erschossen zu werden. An dem einen S-Bahnhof in Ost-Berlin,
wo nur Passagiere aus dem Westen ein- und aussteigen konnten, weil die Ost-Berliner die S-Bahn zwischen West- und Ost-
Berlin nicht benutzen durften, waren diese Grenzsoldaten, diese verängstigten Kinder mit pickligen Gesichtern und riesigen
Hunden und Maschinengewehren. In diesem S-Bahnhof sahen
alle Stützpfeiler und Streben aus wie aus Stahl. Ich dachte mir:
»Wenn einer von diesen Jungs mit seinem Maschinengewehr nervös wird und anfängt zu schießen, prallen die Kugeln von dem
ganzen Metall ab und es wird wie in einem Mixgerät sein.«

Am Ende meines Deutschlandjahres kam Ingolf nach Berlin;
er begleitete die Gruppe der neuen und zurückkehrenden AFSC
Austauschschüler des Jahrgangs 1962. Wir hatten uns ein Jahr

lang nicht gesehen, nachdem wir gerade mal vier Tage zusammen gewesen waren. Ingolf kam am frühen Abend in Berlin an, und noch ehe er nach Hause ging, um seine Eltern zu sehen, stand er vor meiner Haustür. Mit einem breiten Lächeln und einer einzelnen Rose, die er gerade in einem Nachbargarten geklaut hatte.

Klar, wir waren beide sehr aufgeregt und froh, einander wiederzusehen, und wir lachten und redeten ohne Ende. Am nächsten Tag war ich bei seinen Eltern zum Mittagessen eingeladen, wo wir natürlich alle Deutsch miteinander sprachen. Man macht alles irgendwann zum ersten Mal! Ingolf und ich schauten uns an, erstaunt, und lachten, denn es fühlte sich an, als spielten wir fremde Rollen. Es machte viel Spaß! In dieser hektischen Woche hatten Ingolf und ich allerlei Verpflichtungen, er mit seiner Familie und ich mit den letzten Ost-Berlinern, denen ich unbedingt helfen wollte. Ich hatte einer Frau versprochen, dass ich zu ihrem Verlobten in Ost-Berlin fahren würde, um seine Handlungsvollmacht zu bekommen, sodass sie von seinem Sparbuch bei seiner West-Berliner Bank Geld abheben und Waren kaufen konnte, die dann von Leuten wie mir zu ihm zurückgeschmuggelt werden sollten. Es war eine riskante Sache, denn wenn man mich verfolgt hätte, was gelegentlich passierte, und mich mit dem Dokument erwischt hätte, wären der Mann und ich in ziemliche Schwierigkeiten geraten.

Doch als ich zu seiner Adresse kam, war er nicht da, zum Glück! Auf meinem Rückweg nach West-Berlin wurde ich endlos lang am Checkpoint Charlie festgehalten, man war mir wohl tatsächlich gefolgt. Ich hörte viele schwer zu verstehende Telefongespräche und hörte meinen Namen erwähnt, aber niemand befragte mich. Ich saß eine lange Zeit da, dankbar, dass ich das Dokument gar nicht erst erhalten hatte. Aber ich sollte Ingolf und seine Eltern bald an der Oper treffen; bestimmt wussten meine ostdeutschen Wächter bereits von meinen Plänen, denn bei meinem Grenzübertritt nach Ost-Berlin fanden sie bei der Durchsuchung die Opernkarte. Vermutlich wollten sie mir jetzt eine Lektion erteilen. Sie würden dafür sorgen, dass ich nicht rechtzeitig zur Oper kam.

An unserem Hochzeitstag
in Radnor, Pennsylvania.

Ingolf hatte natürlich keine Ahnung, was passiert war. Seine Eltern nahmen schon in der Oper ihre Plätze ein, aber er stand hinten bei den Stehplätzen und wartete auf mich. Sein Vater sah sich um und bemerkte, wie er an die Wand gelehnt dastand, und sagte, »Ein Herr lehnt sich nicht an die Wand!« Als Ingolf mir das später erzählte, war er wütend. Für mich war es das erste Anzeichen dafür, dass Werner unter seiner zuvorkommenden äußeren Schale ein ziemlicher Tyrann der alten Schule sein konnte, ohne jedes Feingefühl.

Ingolf konnte nie wieder eine Beziehung zu seinem Vater aufbauen. Er versuchte es. Ich würde behaupten, dass er heute auch deshalb so gut dran ist, das klingt vielleicht hart, weil sein Vater so viele Jahre nicht da war. Ich nehme an, wenn er nicht weg gewesen wäre, sondern immer als Familienoberhaupt gewirkt hätte, dass dann die Familie verkorkst gewesen wäre. Aber als sein Vater starb, sah ich Ingolf zum ersten Mal weinen. Er war ganz aufgelöst. Dies war das Ende. Es würde keine Chance mehr geben, eine gute Beziehung zu seinem Vater herzustellen.

Als Mary Ellen und ich endlich in Tempelhof im Flugzeug nach Köln saßen, waren wir beide erschöpft. Von Köln nahmen wir den Nachtzug nach Paris, wo wir in einer Pension in der Nähe des Arc de Triomphe wohnten. Dann hatten wir einen wunderbaren Tag in Paris. Wir aßen in der Rotisserie de la Pepigneire zu Abend, eine Empfehlung von Onkel Hugo. Ich klaute sogar einen Aschenbecher, zur Erinnerung, wo wir gewesen waren.

Unser Flug nach New York ging am nächsten Tag mittags. Doch wir verschliefen und kamen zu spät zum Flughafen Orly. Die Mitarbeiterin der Fluggesellschaft sagte uns, dass der Flug schon geschlossen war, doch dann hatte sie offenbar Mitleid mit uns. Ich hatte meine Geige dabei, und wir müssen unschuldig genug ausgesehen haben. Sie nahm uns am Arm und drängte uns durch die Passkontrolle ins Flugzeug, wo man uns in die Erste Klasse setzte. Da waren die einzigen noch freien Plätze.

Es war unser erster Transatlantikflug, auf den Sitzen 2A und 2B, und ich sagte zu Mary Ellen: »Wenn du mit mir reist, ist es immer Erste Klasse!« Ich hatte überhaupt kein Geld, aber wollte ihr imponieren. Dass solche Dinge ihr nichts bedeuteten, ahnte ich damals noch nicht. Am 8. September landeten wir auf dem Flughafen Idlewild, dem heutigen John-F.-Kennedy-Flughafen.

Wir ließen uns in Philadelphia nieder, wohnten ganz nahe beieinander, und Mary Ellen arbeitete weiter für das American Friends Service Committee, während ich mein Graduiertenstudium in Wharton aufnahm. Normalerweise dauert ein MBA-Programm zwei Jahre, aber ich schaffte es in einem Jahr plus zwei Sommersemestern. Im Herbst 1962 begann ich in Wharton und im folgenden August hatte ich bis auf meine Masterarbeit alle Kurse absolviert, sodass ich wieder mit der Berufsarbeit anfangen konnte, denn Mary Ellen und ich wollten heiraten. Unser Hochzeitstag war der 17. August 1963 (wer sich wie ich für Zahlensymbolik interessiert: Ich wurde am 18. 7. 36 geboren, und wir heirateten am 17. 8. 63). Meine Masterarbeit war im folgenden Sommer fertig.

Mein Leben in Amerika konnte nun endlich »richtig« beginnen. Und was für ein Leben das wurde – dank Mary Ellen.

Der Kreis schließt sich

Am 9. November 1998, achtundzwanzig Jahre nachdem ich Berlin und Deutschland endgültig verlassen hatte, öffnete die DDR offiziell die Grenze zwischen Ost- und West-Berlin. Tausende drängten sich an den Grenzübergängen, und Stück für Stück begannen die Ostdeutschen, gemeinsam mit den Westdeutschen, die Mauer niederzureißen. Auf der ganzen Welt spürte man die Begeisterung.

Am selben Tag erhielt ich einen Anruf von meinem Sohn Eric. »Dad, wir müssen rüber und das sehen.«

Ich habe immer viel davon gehalten, soweit wie möglich in wichtigen Augenblicken der Geschichte dabei zu sein, aber dass die Initiative von einem meiner Kinder kam, motivierte mich erst recht. Gleich am nächsten Tag flogen wir vier nach Berlin. Mary Ellen und ich und unsere Kinder Eric und Ellen. Am Flughafen mieteten wir ein Auto und hielten an einem Eisenwarenladen an, um Hammer und Meißel zu kaufen.

Wir fuhren zunächst zu einer nördlichen Stelle der Mauer, wo sie noch völlig unberührt war. Wir hämmerten los und holten uns Mauerstücke heraus. Ein paar West-Berliner Polizisten kamen vorbei und sagten, wir sollten das lassen. Sie waren beunruhigt, vermutlich wegen der möglichen Reaktion vom Osten. Wir hätten immer noch erschossen werden können. Alles war im Ungewissen.

Dann fuhren wir nach Süden und kamen schließlich zum Brandenburger Tor. Hier stand die Mauer noch weitgehend intakt, und oben drauf ostdeutsche Polizisten. Sie standen bloß da und schauten herunter. Nichts geschah. Sie wussten nicht, was sie tun sollten.

Es gab ein Loch in der Mauer, durch das wir nach Ost-Berlin sehen konnten. Es war etwa dreißig Zentimeter hoch und fünf-

Abriss der Berliner Mauer, mit
Mary Ellen und unseren Kindern,
November 1989.

Ein ostdeutscher Polizist schaut
durch einen Mauerspalt; von
meinem Sohn Eric fotografiert.

zehn Zentimeter breit. Eric machte Fotos, und ein lächelnder
ostdeutscher Polizist schaute von der anderen Seite durch die
Mauer.

Es war wirklich aufregend. Wir konnten es nicht fassen.
Ich konnte es nicht fassen. Dann kam ein Moment, als ein Teil
der Mauer völlig heruntergerissen wurde, und eine Straße, die
früher hier verlaufen war, wieder offen war. Die Ostdeutschen
strömten nach West-Berlin, ungehindert, im Auto und zu Fuß.
Eine westdeutsche Band spielte Musik. Die Leute hupten wie
wild. Alle schlugen einander auf die Schultern.

Ich sagte zu meiner Familie: »Ich möchte mit euch mit der
Geister-U-Bahn fahren.« Zwei der U-Bahnlinien begannen in
West-Berlin, verliefen durch vier oder fünf Ost-Berliner U-Bahn-
höfe und kamen dann wieder nach West-Berlin. Diese Linien ver-
kehrten auch zur Mauer-Zeit. Wenn man durch die Ost-Berliner

Bahnhöfe fuhr, waren sie dämmrig beleuchtet und man konnte erkennen, dass sie verbarrikadiert waren. Die Züge hielten nicht, aber man konnte die Bahnhofsschilder sehen.

Als wir in West-Berlin in die U-Bahn einstiegen, war sie fast leer. Als wir zu dem ersten Bahnhof in Ost-Berlin kamen, hielt der Zug an. Nach fast dreißig Jahren war es der erste Tag seit dem Bau der Mauer, an dem die Züge wieder im Osten hielten. Ost-Berliner drängten herein; viele kamen zum ersten Mal im Leben nach West-Berlin. Stille, blasse Gesichter im Gang starrten uns mit großen Augen an: eine amerikanische Familie. Erst da merkten wir, dass wir tatsächlich etwas anders aussahen. Der Zug hielt noch ein paar Mal an, und dann waren wir wieder in West-Berlin. Alle stiegen aus. Es war unglaublich. Wir hielten diese Szene mit einer Filmkamera fest.

Der Fall der Berliner Mauer war ein historisches Ereignis. Es markierte das Ende der Sowjetunion und das Ende der knapp vierzig Jahre, die der Eiserne Vorhang Deutschland teilte. Vielen Millionen Europäern in Mittel- und Osteuropa wurde damit die Freiheit geschenkt. Berlin war wieder eine ungeteilte Stadt, zum ersten Mal, seit ich ein kleiner Junge war. Auch wenn ich seit Jahrzehnten Amerikaner war, fühlte ich mich an diesem Tag wieder als Berliner.

Der Kreis hatte sich geschlossen.

Epilog

Niemand kann der Vergangenheit entkommen, am wenigsten den prägenden Jahren von Kindheit und Jugend. Meine Kindheit war ungewöhnlich und manchmal turbulent, aber nicht zu vergleichen mit Millionen von Kindern, die jeden Tag ohne Hoffnung und unter den schlimmsten Umständen aufwachsen; die ums Leben gebracht werden oder verhungern.

Meine Frau Mary Ellen mit ihrer Herkunft aus einer Quäker-Familie und aus dem US-Bundesstaat Oregon hat allmählich und geduldig einige Ecken und Kanten abgefeilt, die ich durch die darwinistische Überlebensstrategie meiner Jugend erworben hatte. Wir mieteten eine Wohnung und ich begann eine, wie man wohl sagen kann, erfolgreiche Geschäftskarriere. Am 3. März 1967 wurde ich im Alter von 30 Jahren bei einer Zeremonie im U.S. Bezirksgericht in New Haven, Connecticut US-amerikanischer Staatsbürger. Wir sind eine lebhafte Familie mit den Kindern Ellen und Eric. Und fünf Enkeln: Emily, Lily, Thomas, Elana und Maxine.

Beide Kinder haben Ausländer geheiratet, sie traten in gewissem Sinne in die Fußstapfen ihrer Eltern. Ellen hat James geheiratet, einen Engländer, und Eric ist mit Heike, einer Deutschen, verheiratet.

Ich liebe die Vereinigten Staaten von ganzem Herzen. Die Vielfalt, die zupackende Einstellung und den grundsätzlichen Optimismus der Amerikaner gibt es nirgendwo sonst auf der Welt. Als ich in den Eisenhower-Jahren zum ersten Mal hier ankam, war ich zutiefst beeindruckt vom amerikanischen Pragmatismus im Umgang mit Problemen im In- und Ausland. Dieser Pragmatismus ist in jüngster Zeit verblasst, und durch die Ideologie der äußersten Rechten und äußersten Linken hat die moderate Mitte der Bevölkerung fast ihre Stimme verloren. Aber ich bin fest überzeugt, dass sich wieder vernünftigere Stimmen zu Wort melden werden.

Meine Lebenserfahrung hat mich gelehrt, skeptisch gegenüber Extremisten zu sein, ob politische Ideologen oder religiöse Fanatiker, die es in allen Religionen gibt, einschließlich der miteinander verwandten jüdischen, christlichen und islamischen Religionen. Adolf Hitler hat uns gezeigt, wohin es führen kann, wenn ein charismatischer Ideologe ein ganzes Land übernimmt. Mich schaudert bei zu viel offenem Patriotismus, Fahnenschwingen oder Gerede von »Exzeptionalismus« dieses oder jenes Landes. Ich verstehe nicht, warum Hollywood so viele Kriegsfilme produziert, wo doch der reale Krieg für die Menschheit so schrecklich war und ist. Ich nehme an, kaum jemand, der solche Filme produziert oder in ihnen mitspielt, hat am eigenen Leib Kriegserfahrungen machen müssen.

Trotzdem glaube ich, dass die Verfassung der Vereinigten Staaten – und mehr als zweihundert Jahre Demokratie – einen gewissen Schutz gegen Extremismus darstellen. Deutschland hatte diese Tradition noch nicht, als die Nazis an die Macht kamen, und auch heute ist die Demokratie noch relativ jung. Erst knapp dreißig Jahre in der ehemaligen DDR. Wenn ich gelegentlich in Deutschland bin, aus familiären oder geschäftlichen Gründen oder viele Jahre lang als Gründungsmitglied der American Academy in Berlin, dann erlebe ich ein friedliches Land, das in die Europäische Union integriert ist. Es zählt Israel zu seinen engsten Freunden. Trotzdem rumpelt mir jedes Mal der Magen, wenn ich in Deutschland lande. Es gibt zu viele Erinnerungen an die Kriegsjahre und die Jahre danach. Manchmal spüre ich in Gesprächen mit Deutschen, dass die alten Ressentiments und Vorurteile gegenüber Fremden und Juden noch immer unter der Oberfläche brodeln. Ich kann nur hoffen, dass ich mich da irre. Aber ich würde nicht wieder in Deutschland leben wollen.

In meinen Jahren an der Duke University und an der Wharton School war ich noch ganz klar ein deutscher Student mit deutschen Einstellungen. Die Duke University ermöglichte mir meinen Start in den USA, indem sie mir ein Stipendium gewährte. Das ist nur eines von vielen Beispielen für die großzügige amerikanische Wesensart, die ich konkret erlebt habe. Seitdem habe ich versucht, diese Großzügigkeit zurückzugeben, indem ich selbst für Duke und andere Organisationen freiwillig tätig bin und finanzielle Unterstützung gebe, auch für ausländische Studenten.

In den Archiven von Duke fand ich mehr über die Gräueltaten der Nazis heraus, als ich mir je hätte vorstellen können. Während ich darüber las, gab es im Süden der Vereinigten Staaten noch offenen Rassismus, mit Rassentrennung überall, auch auf meinem eigenen Campus. Auch wenn Vorurteile noch immer da sind, besteht die Rassentrennung in den Südstaaten und den USA offiziell nicht mehr.

Es gibt viele Geschichten von Überlebenden des Zweiten Weltkriegs. Meine Geschichte ist die eines deutschen Kindes, das unter den Nazis aufwuchs und nach Amerika kam, um herauszufinden, wie es wirklich war. Meine Geschichte unterscheidet sich von anderen, indem ich nie auf Grund von Rasse oder als Widerstandskämpfer verfolgt wurde. Ich habe mein Leben lang mit dem Wissen gekämpft, dass mein Vater ein NSDAP-Mitglied war und im Zweiten Weltkrieg als Offizier der Nazi-Armee ein relativ privilegiertes Leben führte, ehe dann alles zusammenbrach. Doch in Amerika bekam ich die Chance für ein neues Leben. Dafür werde ich immer dankbar sein.

Anmerkungen

1 Es ist unwahrscheinlich, dass die Kleidungsstücke an jenem Abend verbrannt wurden, da es dunkel war, als mein Vater nach Hause kam: Es gibt zwei Fotos von ihm in seiner russischen Kleidung, die bei hellem Tageslicht aufgenommen wurden. Wahrscheinlich hat er diese Kleidungsstücke am Folgetag noch einmal für die Fotos angezogen und danach wurden sie verbrannt.

2 Als methodistisch wird eine protestantische Glaubensrichtung mit relativ strengen Grundsätzen für die Lebensführung bezeichnet.

3 Serie von 85 Artikeln, die 1787/88 von den drei Gründervätern der amerikanischen Verfassung in verschiedenen New Yorker Zeitungen veröffentlicht wurden, um die Bevölkerung von der noch nicht von allen Mitgliedsstaaten der USA ratifizierten Verfassung zu überzeugen. (Anm. der Übersetzerin)

4 Als Jürgen in New York war, arbeitete er bei einer anderen Anwaltskanzlei, aber es muss eine Zweigstelle von Ecksteins Kanzlei gewesen sein.

5 Freiwilliger Entwicklungsdienst der USA.

Der Autor

Karl M. von der Heyden, geboren 1936 in Berlin, ging 1957 in die USA, um ein Studium an der Duke University in North Carolina zu absolvieren. Später nahm er die amerikanische Staatsbürgerschaft an und arbeitete als leitender Manager und Aufsichtsrat in verschiedenen US-Unternehmen, unter anderem bei PepsiCo, der H. J. Heinz Company und Dreamworks Animation.  1998 war er Mitbegründer der American Academy in Berlin. Karl M. von der Heyden lebt mit seiner Frau in New York.